浅井隆

いよいよ政府があなたの財産を奪いにやってくる!?

第二海援隊

プロローグ

およそ世の中に何が怖いと言っても、暗殺は別にして
借金ぐらい怖いものはない

――福沢諭吉

「いよいよ政府があなたの財産を奪いにやってくる」

二〇一五年二月一六日の夜九時過ぎ、全国のお茶の間に衝撃が走った。NHKの夜のニュース番組「ニュースウォッチ9」で〝預金封鎖〟の特集が突然放映されたのだ。背筋が凍りついた主婦や資産家も多かったという。

その内容も衝撃的だった。これまで終戦直後に実施された預金封鎖は、あくまで「戦後の激しいインフレを抑えるため」の措置とされてきたが、NHKの独自調査（情報公開請求で入手した当時の証言記録）によると、本当の目的は「国民の財産を取り上げることによって膨大な国の借金と相殺し、国の財政を建て直すことだった」ということが初めてわかったのだ。

さらに、当時の大蔵官僚の発言記録も紹介されているが、それは驚くべきものだった。なにしろ、次のようにはっきり言っているのだ。「取るものは取る。うんと国民から税金その他でしぼり取る！」。国が勝手に始めた戦争で、大切な息子は兵隊に取られて名誉の戦死。やっと命からがら生き残ったら、財産のほとんどは没収、というのでは踏んだり蹴ったりだ。

特集の最後で、メガネ姿の大越アナウンサーが真剣な眼差しで次のように締めくくっているのが印象的だった。「今の日本と当時とを安易に重ね合わせるわけにはいかないけれども、ただ日本の財政は今、先進国で最悪の水準まで悪化していますので、終戦直後に起きた〝歴史上の出来事〟と片付けてはならない問題だとも言えます」。

この番組はその後、様々な憶測を呼んだ。

そんな中で、ある資産家は次のようなメールを友人に送っている。

「これまで預金封鎖に関する報道は、ほとんどされたことがありませんでした。報道禁止として扱われていたからだと思われます。しかし先日、突然ＮＨＫの特集として『預金封鎖』が登場したのです。今回の放送は、情報公開請求で入手した証言記録に基づいています。なぜ、政府があえてこのタイミングでこの情報を出したのか。これは、何かの合図なのかもしれません」。

二〇一五年四月吉日

浅井　隆

プロローグ

第一部　二〇二〇年のあなたの運命

第二部　あなたを襲う三大悲劇の全貌
――「大増税」「ハイパーインフレ」「徳政令」

第一章　大増税の苛烈

第二章　ハイパーインフレの悲惨

第三章　アベノミクス第四の矢は「預金封鎖」か!?

第三部　生き残りの秘策

エピローグ

第一部

二〇二〇年のあなたの運命

我々が歴史から学ぶべきなのは、人々が歴史から学ばないという事実だ。

——ウォーレン・バフェット

なぜ日本は、これ程の借金を背負ってしまったのか

日本国政府の借金がいよいよ尋常ならざる規模に到達した。おそらくあと二、三年後には〝本当の限界〟に達することになるだろう。その日から、私たちの人生はまったく別のものに変わってしまうはずだ。

では、この国はなぜこれ程の借金を背負ってしまったのか。もはや、国家破産は免れることのできない現実なのか。本章ではそのあたりの事情から探ってみることにしたい。

戦前から戦中にかけて、この国は日中戦争からアメリカとの全面戦争という歴史上初めての国家総力戦を断行し、すさまじい規模の借金をしてしまった。記録によると、終戦の前年の昭和一九年（一九四四年）にはGDPの二〇四％という規模にまで到達した。残念ながら、終戦の年の昭和二〇年（一九四五年）の数字は残されていない。終戦前後のドサクサで計算できなかったのか、わざ

と隠したのかは不明だが、今や歴史上のナゾとなっている。

そして終戦からちょうど半年後の昭和二一年二月一六日、政府は突然、預金封鎖を断行。戦時国債の紙キレ化、新円切換（それまでの旧円はすべて紙キレに）ともあいまって、空前絶後の「徳政令」によって文字通り国民の財産は一瞬で紙キレと化した。これによってほとんどの国民は路頭に迷うこととなったが、逆に政府の方は自らの借金をその国民の財産と相殺することによって（のちに過酷な財産税をかけて絞り取った）、ゾンビのように生き返った。

その状況を鮮明にとらえているのが、一八、一九ページの図だ。昭和一九年のGDP比二〇四％もの借金が、昭和二一年には約六〇％にまで急減している。その後も政府は借金を減らし続け、ちょうど東京オリンピックが開催された一九六四年頃（昭和三九年頃）には、借金は限りなくゼロに近づいた。ところが、翌一九六五年にオリンピック景気の反動不況に見舞われ、慌てた政府が山一證券などを救済するために戦後初の日銀特融を行なうと共に、その直後から少しずつ国債の発行を増やしていった。

こうして、ゼロ近くまで減った国の借金は徐々に増えていき、バブルピークの一九八九年頃にはＧＤＰの七〇％ほどに到達したのである。

世界中の財政の専門家の間で次のような話が囁かれている。「政府の借金はＧＤＰ比で六〇％以下にしていれば安全。九〇％は危険水準。そして二〇〇％というのは頭がオカシイほどのレベル」というものだ。したがって、バブル崩壊（一九九〇年）以前の日本というのは、財政においては一応安全というレベルの中にいたのだ。ところがバブル崩壊後、この図を見てもわかる通り、金融恐慌と景気悪化を食い止めるためとの大義名分のもとに、国の借金を加速度的に増やし続け、四五度を超える急角度で借金の残高は増加していった。しかし、二〇〇〇年を少し超えたあたりで一度借金が減っている。これは小泉首相の改革によるもので、多くの国民は「これでなんとかなるさ」と安堵した。ところが、それもつかの間、今度はアベノミクスによる大借金パーティーが起こる。

この図の最後の部分を見てもわかる通り、文字通り〝垂直〟に近い角度で借金が増え始めたのだ。ある意味でこれは最後の〝バンザイ突撃〟とも呼べるも

債務残高GDP比推移

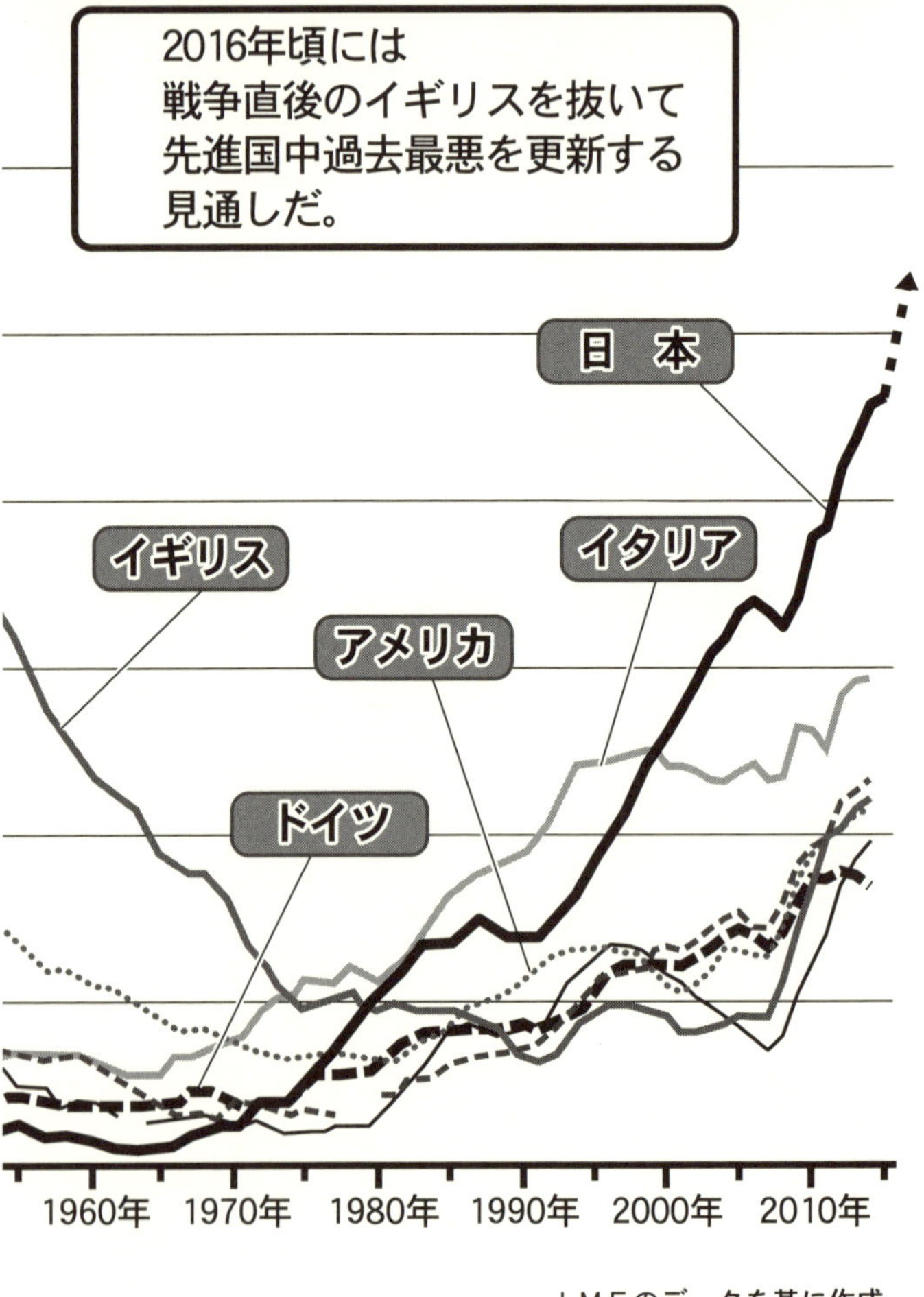

ＩＭＦのデータを基に作成

日本と主要国の

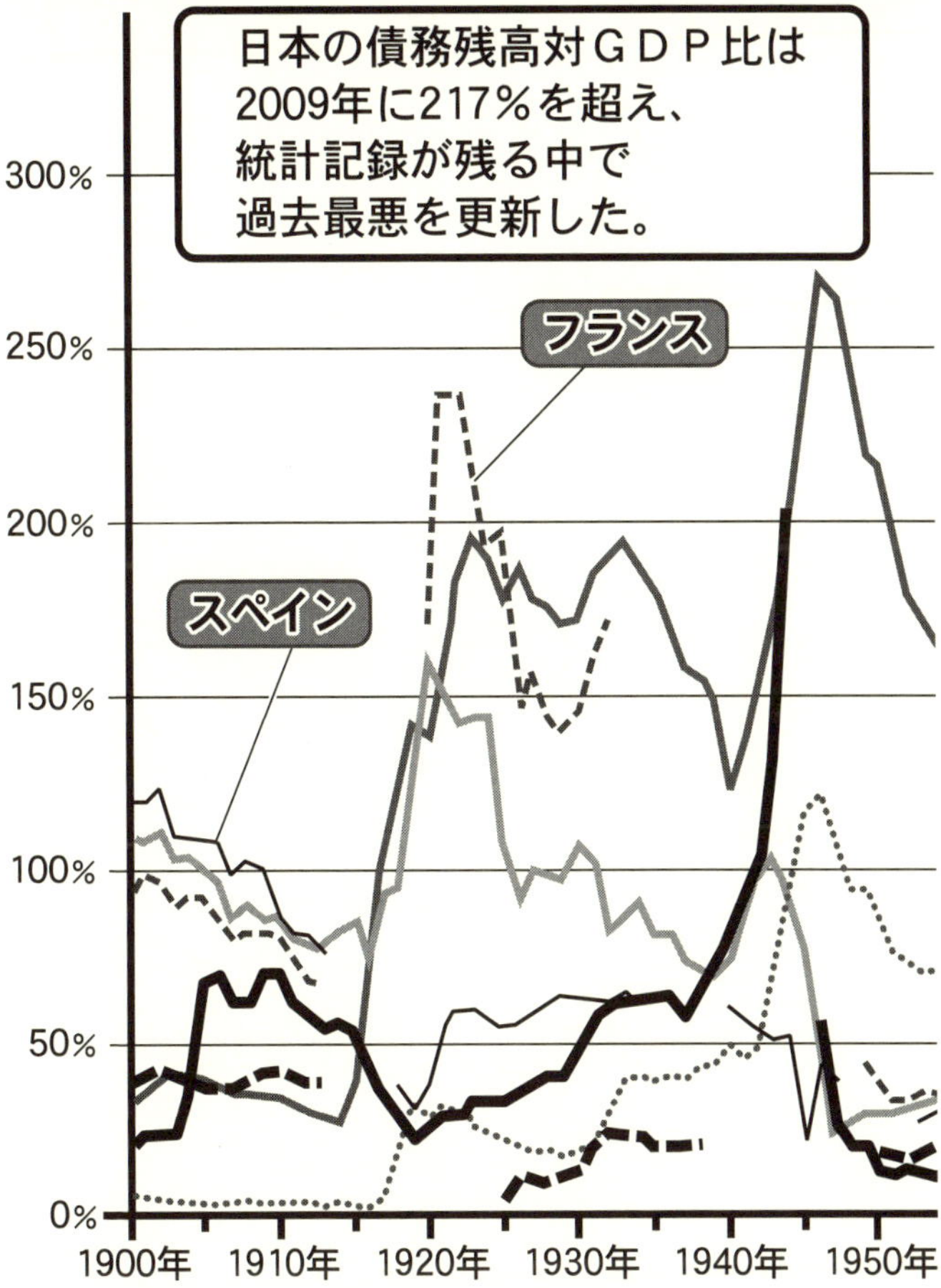

※日本、ドイツ、フランスは一部データが欠如している時期がある。

ので、日銀が後先のことも考えずに発行される国債の九割を買いまくるという最後の宴ともいうべき現象が起こったのだ。安倍首相は経済のことはまったくのド素人と情報通の間ではいわれているが、「日本を破産させた人物として安倍と黒田は将来教科書に載るだろう」と欧米の経済通の間では囁かれ始めた。

なにしろ、日本の借金の増加が止まるきざしは今のところまったくない。それは、三つの理由による。第一に、少子高齢化とそれにともなう社会保障費の増大は誰にも止められない点。二番目は、日本の若者は政治に関心がまったくなく、多くの若者が選挙にも行かないため、年金の減額や医療費の負担増を嫌がる年寄りの声が選挙を通して政治家をがんじがらめにしている点。つまり、財政の改革が政治的に不可能だということ。三番目は、現在のアベノミクスが借金を必然的に増加させる政策だということだ。この三つがあいまって、日本を破滅へと追いやっている。

そして、いよいよ二〇一四年がやってきた。

巨大トレンドは〝円安トレンド〟に転換した

二〇一四年九月、経済上の大事件が起こった。これによって日本の巨大トレンドが大転換した。そして、私たちの将来の運命もこれによって決定したといってよい。

では、その大事件とは何か⁉

それこそ、数年前の一ドル＝七五円という超円高達成以来徐々に円安へと向かっていた為替が、二〇一四年九月についに一ドル＝一一〇円という水準に到達したことだ。戦後、ずっとドル／円を押さえ続けてきた「抵抗線」をこの瞬間、ついに突き抜けたのだ。つまり戦後の長期円高トレンドが終わり、長期円安トレンドに入ったことがほぼ一〇〇％確定したのだ。今後、三〇年～四〇年にわたって私たちは、延々と続く〝円安トレンド〟の中で生きていかねばならない。しかも、それは単なる円安で終わるような代物ではないのである。まず第一に一三〇円を超える円安が始まると、国内インフレにより金利が上昇し、国債が暴落してしまうのだ。これ程借金を抱えた国家で国債が暴落したら一体何が起きるのか。想像しただけでも身の毛がよだつ。第二に、その当然の帰結として、長期的には一ドル＝一五〇円とか二〇〇円というレベルの円安では止まらなくなるということだ。かつての一ドル＝三六〇円をさえ突破して、一ドル＝一〇〇〇円というような事態もありうると見ておいた方がよい。今回の一一〇円到達という出来事は、それほどの出来事なのだ。

その内容はあまりにも重大なので、そのメカニズムと時期をさらに詳しく図解しながら見ていくことにしよう。そこで二四、二五ページの図をじっくり眺めていただきたい。スタート地点は二〇一四年の秋だ。この一ドル＝一一〇円到達という事態が今後の出来事のすべての「引き金」となるのだ。まさにドミノ倒しの最初の一駒が倒れたのだ。これによる長期円安確定で、二〇一五年から二〇一六年にかけてさらなる円安がやってくる。

そして、一三〇円を超えたら危険だ。それでなくとも日本は、食糧とエネルギーの大部分を輸入に頼っている。その価格が円安により自動的に上がるのだ。輸入インフレの登場だ。庶民の暮らしが厳しくなるだけでなく、金利が上がり始める。

そして、今から二、三年後の二〇一七～二〇一八年頃には大変なことが起こるだろう。その金利上昇圧力に耐えられなくなって、国債がいよいよ暴落するのだ。今は日銀が国債を買いまくって金利を押さえこみマネーを大量に供給しているが、輸入インフレによる金利上昇圧力の前に日銀がいくら国債を買っても価格を維持できなくなる日がやってくる。それが今から二、三年後の二〇一七～二〇一八年頃のことだ。その頃には一ドル＝一五〇円くらいになっていることだろう。こうなったら、もうお終いだ。なにしろかねてよりいくつかの本に書いてきたように、あのジョージ・ソロスから始まってカイル・バス、さらには中国政府までが「日本国債暴落」を虎視眈々と狙っているのだ。彼らはこのタイミングを絶好の好機ととらえて、一挙に売り浴びせてくる。こうして阿鼻叫喚の世界が始まる。九〇年の東京大暴落の時と同じように債券（国債）、為

までの道のり

2019-20年

200円以上

国家破産スタート

2020年東京オリンピック？

2025-30年

300円以上

徳政令？ハイパーインフレ

国家破産
年代
為替
トレンド
2014年9月
110円
長期円安確定
2015-16年
120円以上
さらなる円安
2017-18年
150円以上
2~3年後
国債暴落

替（円）、株の三つが三つとも連鎖的に暴落するトリプル安がやってくる。こうなると政府・日銀といえども、円（為替）と金利（国債）をコントロールできなくなる異常事態が出現することになる。

そして、その一、二年後の二〇一九〜二〇二〇年頃から、国家破産時代がスタートすることになる。この頃には、一ドル＝二〇〇円以上の円安になっているることだろう。金利も暴騰し、長期金利で五％くらいになっているかもしれない。こうなったら政府にも打つ手がなくなる。中央政府だけで二〇一五年三月時点で一一〇〇兆円近い借金を抱えており、地方自治体の二〇〇兆円も加えると、一三〇〇兆円になる。それが毎年数十兆円ずつ増えているので、二〇一八〜二〇一九年頃には合計で一五〇〇兆円ほどになっているだろう。

ＧＤＰの三〇〇％という、信じがたいレベルの借金である。長期金利が五％になると、大体それよりすこし少ない四％ほどの金利負担が一五〇〇兆円に利息としてのしかかることになる。その額は、なんと六〇兆円‼　これまでこの国はこれ程の借金を重ねても、超低金利だったからなんとかやってこられたわけで、これ程の利息負担が襲ってくればひとたまりもない。たとえば、二〇一四年の国（中央政府）の予算でいえばおおまかにいって税収が五〇兆円、借金が四〇兆円、税収外収入が数兆円――つまり合計で九〇兆円強で当初予算を組み、途中さらなる追加支出があれば、補正を組んでさらに借金をするという状態だ。しかし、もし六〇兆円もの利息負担が発生したら（正確には現在でも一〇兆円ほどの利息を払っているので追加では五〇兆円となるが）、一巻のお終いだ。政府の本当の収入である税収分すべてが利息の支払いに消えてしまうわけで、これを本当の〝焼け石に水〟というのだ。

大雑把な話だが、現在補正も含めて年間一〇〇兆円の予算を組んでいる日本国政府は、六〇兆円（追加分五〇兆円という計算でもよい）の金利負担で本当に使える予算は四〇兆円（あるいは五〇兆円）ということになってしまう。本当に使える額が半分となってしまう。すべての支払い（公務員の給与から公共事業）を半分にしたらどうなるか。この国に恐慌か、それ以上の事態がやってくる。では、政府はどうなるのか。こういう場合、いつもそうだが、すべての責任（というか負担）を国民に押しつけて自らはゾンビのように生き残ろうとするのだ。

では、その具体的な手法とは一体何か。それこそ、「大増税」「ハイパーインフレ」「徳政令」なのだ。この三つの信じがたい手段によって、国があなたの財産を奪いにやってくる。かつて、一八世紀フランスの財務大臣アベー・テレは「政府は一〇〇年に一度はデフォルト（＝借金踏み倒し）を起こさなければならない」という言葉を残したが、まさにその通りであろう。さらに、リーマン・ショックの際に事前にそれを予測したカイル・バスはその時の売りで数千億円稼いだといわれているが、二〇一三年八月、テキサスで私がバス氏にインタビューした時、別れ際彼はこう囁いた。「危機はある日突然、やってくる。政府の言うことだけは信じない方がよい‼」と。

あなたはこれからやってくる「大増税」「ハイパーインフレ」「徳政令」という大惨害から、本当に生き残れるかどうか、それは、本書の利用の仕方いかんにかかっているといってよい。

借金を踏み倒すためには「三大事件」が欠かせない

では、第一部でこの三大事件について、その恐るべき中身の概要だけでも見てみることにしよう。なにしろ、それを知ることが生き残るための絶対条件となるからだ。まず、「敵を知り、己を知れば百戦危うからず」だ。

これまでの永い人類の歴史において、無数の国家が破産し、人々は無残にも財産を失ってきた。基本的には、国家の破産も個人の破産もまったく同じ原理・原則に則って起こる。国家の場合、それが複雑かつ大規模なだけだ。そして、一つだけ間違いなく言えることは、個人も企業も国家も、借金をし過ぎれば必ず破たんし、深刻かつ重大な状況に追い込まれるということだ。

まず国家が破産した場合、三一ページの図にあるように「三大事件」なるものが発生する。この三つが必ず起きる場合もあるし、このうちの二つでなんとかおさまる場合もある。ただし、このうちの一つだけで終わるという例はあまり聞いたことがない。なぜか⁉　国家破産も個人の破産と同じで、もしあまりにも借金の規模が大きくなり過ぎて返せなくなると、踏み倒すしかなくなるからだ。つまり「国家破産＝借金の踏み倒し」と定義することもできる。踏み倒すには、通常の手段では無理であるし、相当なことをしないと実行不可能だ。というわけで、たとえば大増税だけでなんとか処理が終わるということはありえない。しかも、あまりに重い税負担を国民あるいは企業に課した場合、民間が疲弊し、さらなる税金を取れなくなってしまう。あるいは、経済成長が大幅マイナスとなり、国家そのものが衰弱してしまうという悪循環に陥ることになる。しかも、あまりにもひどい税金の取り方をすると、資産家は海外に逃げ出してしまう。これでは〝虻蜂《あぶはち》取らず〟だ。

いずれにせよ、過去の歴史を振り返ってみてもハイパーインフレと大増税、あるいはプラス徳政令の三つすべてが起きないと、国家の借金踏み倒しは成功しないのだ。

しかし、これは私たち国民の生活という立場から見ると、とんでもないコト

2025年までにやってくる三大事件

1 大増税

2 ハイパーインフレ

3 徳政令

が起きることを意味する。たとえば一番目の大増税にしても、現在、消費税にばかり焦点が当たっているが、財務省は固定資産税、相続税における大増税を狙っているといわれる。さらに、将来的には「財産税」の導入という究極の手段を講じるだろうともいわれている。国民全員の財産をすべて正確に把握し、その総額に対して一律○％という無茶苦茶なやり方で財産をむしり取ってしまうというのだ。

では、いよいよ本論に入ることにしよう。この三大事件の中身を詳しく知る作業に入ろう。そうすれば、対策も自ずと見えてくる。

まず一番目の「大増税」から見ていくことにしたい。財政が極端に悪化し、国家破産状態に突入した時、政府が手っ取り早く実行できる政策は「大増税」である。しかも、富裕層をメインターゲットとしてくることは確実なので、この本の読者の中で該当するであろうという人はくれぐれも用心した方がよい。

現在、消費税再増税は延期となったが、それとは別に財務省内では将来の大増税へ向けての布石と準備が始まっていると聞く。まず、国民全員の財産の額、中身の把握と海外への資産流出への歯止めである。そして、消費税増税に国民の反対があまりに大きければ、一部の資産家への課税強化と税率の大幅アップを実施してくるであろう。そのことをある海外在住の日本人金融関係者は、次のようにメモにまとめている（二〇一二年時点でのメモ）。

では、この不景気の中、何処からお金を取ればいいか？　答えは借金と税金の増額。今後は資産課税だ。正確に言えば、〝富裕層への正味資産課税〟の復活と予想。

資産税の一部に該当するのが、現行の相続税である。この相続税の課税対象枠を広げることが決定された。変更後はこうだ。相続資産の基礎控除を「三〇〇〇万円＋法定相続人一人につき六〇〇万円」と課税対象者を拡大し、税率も五五％まで引き上げる。これにより、相続税を支払う国民は四％（九六％の国民は相続税ゼロ）から七％に拡大。もう一つの資産税が固定資産税。これは二年後に増税予定。港区や世田谷区などの高級住宅地の家屋への税金が全国的に上がる模様。

（中略）

順番として、消費税、所得税、相続税を上げても税収が増えないことを先ず経験した後、政府は究極の税捕獲方法・資産税を採用へ。〝スイスもやっている〟とか言って資産税は不動産のみならず、動産（車、美術工芸品）や預貯金、生命保険、有価証券にもかけるというもの。スイスはリタイア後、充実した年金や社会保障でお金に不自由なく暮らせるが、日本は何らその保障がない。其処に資産税がかけられる状況になったなら、行動力ある多くの富裕層は日本を脱出しよう。「日本は好きだが、まともな国に生まれ変わってから日本に戻ろう」と。

「資産税」は別名「財産税」ともいうが、これはみなさんの資産を確実に奪う究極の手段であることを肝に銘じて欲しい。

すでに始まっている「見えざる増税」

将来予想される大増税とは別に、すでに現在でも年金保険料や医療費などの負担は増え始めているが、本格的な増税は当分の間できないだろう。しかし、形を変えた増税、いわば「見えざる増税」はすでに始まっている。特に医療・介護の負担はかなり重くなっている。健康なうちは気付かないが、健康を害した途端、その重さに愕然とするに違いない。

日本では現在、医療費抑制のため入院期間が長くなるに従い、診療報酬を減額する仕組みが取り入れられている。そのため、三ヵ月以上の長期入院が事実上難しくなっているのだ。入院期間が長期にわたると病院の患者に請求できる医療費が減るため、それとなく「退院勧告」を受けるケースも多いという。つまり、長期間患者を置いておくと、病院が破たんしかねないのである。

もし、あなたの奥さんが倒れ、ほとんど寝たきり状態で自宅で療養せざるを得ないとしたら、莫大な費用がかかる可能性がある。仮にあなたが会社勤めをしているとしよう。もし、奥さんが倒れ寝たきりになってしまったら、あなたがすべての家事をやらなければならない。炊事、掃除、洗濯などに加え、子供がいれば子供の面倒も見なければならない。それだけでも大変なのに、それに介護まで加わればもはや会社に行くことは不可能だ。しかし、会社を辞めれば収入はゼロになってしまう。

会社を辞めないとすれば、誰かに家事と介護を手伝ってもらうしかない。親類に助けてもらう手もあるが、それも叶わなければ人を雇うしかない。もし、「介護兼お手伝いさん」のような人を二四時間つけようものなら、すさまじい出費になる。今、東京では、そのような人の時給は三〇〇〇円くらいだ。八時間ずつ三交代で二四時間、単純計算では三〇〇〇円×二四時間で一日あたり七万二〇〇〇円だが、交代時の引き継ぎの時間や交通費などの諸経費を含めると一日一〇万円くらいかかる。すると、一ヵ月で三〇〇万円、一年間では三六〇〇万円にもなる。

より良い医療を受けさせようと、特殊な治療や有名な先生を頼んだりすれば、人によっては月五〇万円くらいかかる。他にもベッドなど介護用品も必要になるだろう。もちろん、日々の生活費だって必要だ。本当に良い環境で自分の奥さんの面倒を見ようとすればこれ程のお金がかかる。これらを合計すると、月に四〇〇万円近い出費になってしまうだろう。一年間で約五〇〇〇万円である。普通のサラリーマンには到底無理な話だ。

このように、健康な時にはわからないが、家族が大きく健康を害した時には、信じられないほどのお金がかかる時代になっているのである。

このようなものも含め、将来の私たちにはかなりの国民負担が課せられることになるだろう。

ハイパーインフレは大増税より恐ろしい

そこでいよいよ、大増税よりさらに恐ろしい二番目の項目に移ることにしよう。それこそ、「制御不能のすさまじいインフレ」である。とんでもない勢いで物価が上昇し、通貨価値が暴落する。つまり、ハイパーインフレと円安が起こるのだ。このインフレは通常のインフレとはまったく違う。通常のインフレを猫とすれば、国家破産にともなうインフレは〝人喰い虎〟と言ってよい。国民の財産を食い荒らす猛獣だ。

ハイパーインフレ下のインフレ率は、何千%、何万%にもおよぶ例があるが、仮に一〇〇%として計算してもとんでもないことになる。インフレ率一〇〇%ということは、一年後に物価が二倍になるということだ。このインフレ率が長期間続けば、物価はまさに倍々ゲームで上がっていく。三九ページの図で示したように、五年後には三二倍、一〇年後には一〇二四倍、二〇年後にはなんと一〇四万八五七六倍になってしまう。ざっと一〇年で一〇〇〇倍、二〇年で一〇〇〇万倍である。これを通貨価値で言えば、二〇年で一〇〇〇万分の一になるということだ。当然、為替についてもすさまじい円安になる。

国が破産した場合、預金封鎖などの荒療治をしない限り、このハイパーイン

破滅への末広がり　物価は倍々ゲームで上がる

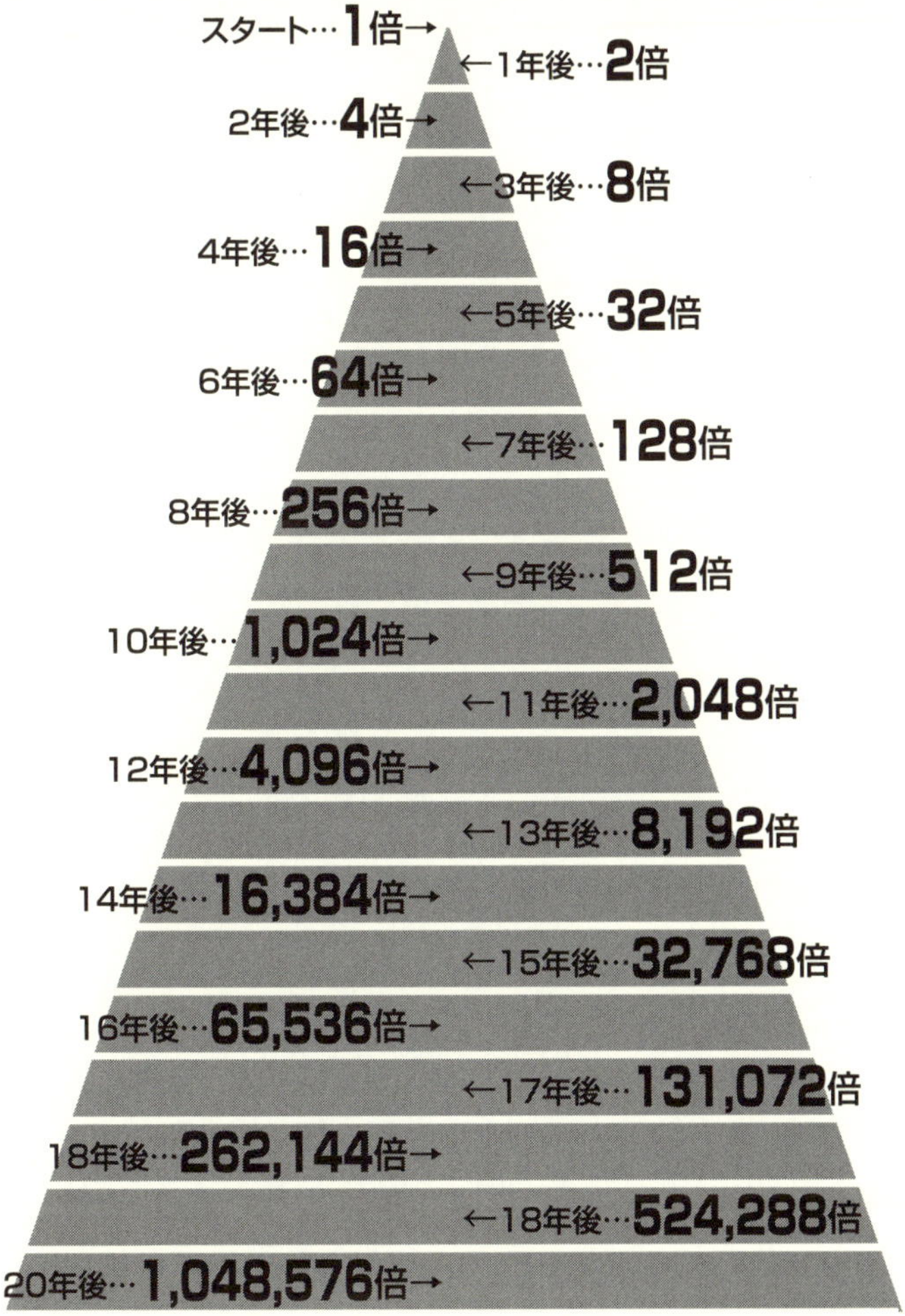

フレと通貨の暴落はまず確実に起きる。暴落するのは通貨だけではない。国債も暴落する。限度を超えた借金を重ね国債を乱発したのだから、国債価格が暴落するのは当然だ。国債が暴落すると金利が急騰する。

金利上昇は国の経済に暗い影を落とす。個人レベルでは、住宅ローンの返済に行きづまる人が急増する。少々無理をしてローンを組んだ人はあっと言う間に破産に追い込まれる。その結果、銀行の収益も圧迫される。ただでさえ金融機関は大量の国債を保有している。国債価格の下落により、金融機関の資産は傷み、経営はアップアップになる。国債という不良債権を抱えた金融機関は、もはや資金を貸し出す余裕がなくなる。貸し渋りどころではない。貸し剥がしの嵐が吹き荒れる。

金利の上昇に加え、貸し渋り・貸し剥がしが借り入れの多い企業の経営を苦しめ、多くの企業を倒産に追い込む。倒産まで行かなくても、業績が悪化し、社員の賃金も減る。景気が悪化し、税収が大幅に減る。財政はますます悪化、国債発行が膨張し、金利がさらに上がるという悪循環に陥る。

日本の場合、国債を大量に保有しているのは民間金融機関だけではない。実は今や最大の国債保有主体は日銀なのだ。よく「国債の買い手がいなくなったら日銀に無制限に買わせればいい」などと言う人がいるが、極めて暴論といえる。日銀はすでに二五〇兆円を超える国債を抱えているのに加え、現在も年八〇兆円の長期国債を市場から買い入れている。

そのような状況下で国債が暴落したら、日銀もまた国債という大量の不良資産を抱えることになり、日銀の資産は劣化する。これは大変な問題だ。日銀は発券銀行だから、日銀券つまり紙幣（＝円）の価値が暴落しかねない。貨幣価値の下落はすなわち物価の上昇を意味する。日銀がやみくもに国債を買い続ければ、中央銀行としての信用は失墜し、最後はすさまじいインフレを引き起こすことになるのである。

次に述べる「徳政令」とは、国家が借金踏み倒しのために強制的に実施するものだが、「ハイパーインフレ」は、それとはまったく性質も中身も外見も違うものである。国家が強制的な命令で実施するものではなく、自然発生的に起きてしまうものであり、しかも、経済のすべてにとんでもない影響を与えてしまう。国家破産により通貨価値が大きく下落するために起きる現象であり、歴史上有名なのが第一次世界大戦後にドイツを襲ったハイパーインフレである。

この時はわずか一年半の間に、物価は一兆%も上昇した。これは物価が一年半で一〇〇億倍になることを意味し、最後には緊急札として一〇兆マルクなるものまで印刷された。経済は大混乱に陥り、ドイツ国民の生活は完璧に破壊された。ハイパーインフレとは、正確にはインフレというよりも通貨価値の極端な毀損《きそん》、または極端な下落を意味する。

日本国自身の力では徳政令は実施できない!?

ここでぜひ注目しておいていただきたいのは——こういう中途半端な表現はみなさんにとってよくないので次の表現に変えよう。これはこの本を手にとっているすべての読者への重大な警告なので、次の内容にぜひ耳を傾けて欲しい。

この国の体質やこれまでのやり方を見ていると、将来やってくる日本の国家破産における最大のテーマは、この「ハイパーインフレ」であるということがわかってくるのである。このあとに述べる「徳政令」は、恐らくこの国では簡単に実施できない――なぜならば、官僚はそのために責任をとらされたくないし、政治家は次の選挙だけが関心事でそんな恐ろしい徳政令などを実行したら、次回の選挙でその政党の全員が落選してしまう。そのような結果を招く「徳政令」など彼らは死んでもやりたくないだろう。

したがって、徳政令が実施されるのは、様々なコトがあって大混乱の末に本当にどうしようもなくなり、ついにＩＭＦが日本に乗り込んできて「悪夢の徳政令」を断行というシナリオになるだろう。

ここで読者のみなさんに申し上げておきたいのは、本書はこれからやってくるすさまじい経済クライシス（＝国家破産）下で、どうやったら私たちの大切な資産を守れるかということをメインテーマとして書かれたということだ。しかも、著者自らがかつて破産していたロシア、トルコ、ジンバブエなどに何回も足を運んで、現地インタビューや調査を重ねた経験とデータをもとに書かれている。そのため、世界にも他に類を見ない内容となっているのでぜひ注目して欲しいし、何回も熟読していただきたいということを付け加えておきたい。

そこで、これから本書の内容でも一番重要な部分に入っていくことにしよう。先ほども述べた通り、本書はこれからやってくる国家破産という経済パニック下でどうやったら私たちの生活と資産を防衛できるかということがあくまでもメインテーマであり、それを抜きにどんな議論をしてもまったく意味がないと筆者は考えている。したがって、何がどういう順番でいつ頃起こるかを予測しておかないと防衛のしようもない。そこで、これからそのことを考えるうえで、もっとも参考になる話をしたい。

その中身とは、「この国は経済規模も個人金融資産の規模も相当大きいので、衝撃的な状況が出現するまでには多少の時間がかかる。さらに政治家、官僚は自らが責任をとりたくないので極端な形の資産収奪手段（＝徳政令）はとらず、なんとか二、三年ごまかす方法を必ずとってくる。しかし、それはあくまでも一時しのぎの時間稼ぎにしか過ぎないので、多少のタイムラグをおいて人類史上最悪に近いようなパニックがやってくる。しかも、その前後にＩＭＦが必ず介入してきて世界恐慌だけはなんとか食い止めるべく、日本国民の資産ですべて相殺させる手段をとってくる」というものだ。

では、具体的にはどのようなことがどのようなタイミングで起きるのか。

国家破産、悪夢のシナリオ

まず、すさまじい円安の直後に国債価格の急落が始まる。そこで、デフォルトその他のパニックを起こさないように政治家、官僚は禁断の薬を投入する。国債の日銀直接引き受けである。日銀が日本国債を直接、無制限に買い取るのだ。その結果、国債市場も金利も一時的に落ち着き、市中にもお金がジャブジャブ出回り、円安も手伝って、半年～一年の間不思議な景気回復が訪れる。これにダマされたら、あなたは全財産を失うこととなる。

その後多少のタイムラグをおいて、すさまじい円安とハイパーインフレがやってくる。人々は早目に銀行、ゆうちょから円を引き出してモノや外貨に換えてしまおうと殺到するので金融機関では取り付け騒ぎがおき、政府が何もしなくても実質的に引き出し制限となってしまう。

大混乱は悪循環を引き起こし、どうしようもなくなった末にＩＭＦが入ってきて、二〇二五年～二〇三〇年頃に「徳政令」を断行する――これが、今の段階でもっともありうるシナリオだ。

したがって、これからの一〇年で考えれば、私たちがもっとも警戒すべきは「ハイパーインフレ」ということになる。「徳政令」はその後の出来事と考えておいてよい。

徳政令――その実体とは？

次に、この三大事件の中でももっとも衝撃的な出来事である「徳政令」につ

徳政令には6種類あることに注意！

1 預金封鎖

2 引き出し制限

3 デノミ

4 新円切換

5 国債のデフォルト

6 銀行の貸金庫内の財産の没収

いて述べることにしよう。徳政令とはある日突然、強引な手段を使って国民の財産を強制的に取り上げることをいう。それを実施することを事前に予告していては対抗手段を取られて逃げられてしまうので、前の日まではまったく秘密にしておいて、必ずある日突然断行する。国民は、「寝耳に水」状態で命の次に大切な財産を没収されることとなる。

しかも、徳政令にはいくつかの種類があるので覚えておいた方がよいだろう。一番目があの「預金封鎖」である。一番強烈ですさまじい踏み倒し手段だ。そして徳政令の二番目の踏み倒し手段とは「引き出し制限」だ。一ヵ月の引き出し限度額を一人一五万円という風に制限してしまうもので、富裕層にとっては預金封鎖と変わらない衝撃的なものだ。三番目が「デノミ」である。これも上記二つに負けず劣らず恐ろしいものである。一瞬で現預金の価値を数分の一、数十分の一にしてしまうというもので国民生活は完膚なきまでに破壊される。

では、四番目の徳政令の手口とは何か。それこそ「新円切換」だ。ある日突然、それまでの円を紙キレとしてしまうもので、一万円札もただの紙となってしまう。トイレットペーパーならばまだ使い道もあるが、固い一万円札では何の役にも立たない。現実に、新円切換は七〇年前の敗戦直後に断行された。

そして五番目の手口が「国債のデフォルト」である。国債そのものを文字通りの紙キレとする場合もあるし、利息を払わないだけでなく、元本を大幅にカットする場合もある。あるいは一時的に支払わないというものだ。

そして最後が「銀行の貸金庫に預けた財産の没収」である。一九九八年のロシアのデフォルトの際には、デフォルトと共にこれも実施され、国民は血の気を失った。

いずれにせよ、国家破産とは国家が返せなくなった借金を国民の資産と相殺することと同義語であり、何でもありの世界と思った方がよい。そう遠くない将来、日本でもこうした出来事がある日突然天から降ってくる可能性が日々高まっている。私たちは、そうした事態と命がけで対処しなければならないのである。

第二部
あなたを襲う三大悲劇の全貌
——「大増税」「ハイパーインフレ」「徳政令」

第一章　大増税の苛烈

あらゆる矛盾は一度極限まで行く。

――ジョージ・ソロス

「大増税」「ハイパーインフレ」「徳政令」という三大悲劇

国家が破産すると、その国は大きな混乱に見舞われる。マーケットは大きく変動し、およそ平時には考えられないような異常な政策が実行される。その結果、多くの国民の生活は容赦なく破壊される。

そこでこれまで破産した国々の多くで起きたこと、あるいは行なわれたことをつぶさに観察すると、そこにはいくつかの共通点があることがわかる。それらの出来事は平時を基準にすれば極めて異常なことであっても、国家破産という非常時を基準にすれば至極当然のことと言える。ということは、これまで国家破産時に起きたことを知れば、おのずとその対策も見えてくるわけだ。

そこで、第二部では、国家破産時に起きる出来事のうち、多くの国民の生活に深刻な打撃を与える「大増税」「ハイパーインフレ」「徳政令」の三つに焦点を絞り、その〝三大悲劇〟の全貌をご覧いただこう。

国民の生命と財産を犠牲にする国家

国家が破産すると、財政を建て直すために当然、増税が行なわれる。過去にはおよそ常識では考えられない極めて過酷な大増税が行なわれた。わが国でも昭和二一年、そう、敗戦の翌年にすさまじい税金が国民に課せられた。それこそ「財産税」である。

財産税とは、保有している資産に対してかけられる税金だ。現在の税金で言えば、不動産所有者にかけられる固定資産税、自動車所有者にかけられる自動車税などがある。また、相続税や贈与税も財産税である。しかし、昭和二一年に課せられた財産税は、そのような生やさしいものではない。預金や不動産などのあらゆる財産に対し、なんと最高税率九〇%もの税がかけられたのだ。

プロローグで紹介したように、二〇一五年二月一六日夜、NHKのニュース番組「ニュースウォッチ9」でその当時の様子を伝える特集が放映された。預金封鎖が発表されたのが昭和二一年（一九四六年）の同じく二月一六日であった。おそらくこの日を選んで放送したのだろう。一〇分弱の短い特集であったが、その内容は衝撃的であった。預金を封鎖された人の体験談、大蔵大臣や大蔵官僚など当時、預金封鎖に関わった人たちの証言やインタビュー映像など、これまでほとんど公開されることがなかった貴重な内容であった。

特集の中では、預金封鎖を経験した九一歳の男性が取材に応じている。男性は当時、母と姉の三人で暮らしていた。預金封鎖により、およそ三万円あった預金が自由に引き出せなくなり、ただでさえ高い食料がさらに手に入りにくくなったという。男性は語る。

「もう片っ端から買えなかった。堤防に変な草がいっぱい生えている。もいできて、ゆがいて、あく抜きして、それをごくわずかのご飯のおかゆの中に入れて食った。とにかくみんな困っておりました」

ＮＨＫ「ニュースウォッチ９」（二〇一五年二月一六日放送）より

終戦直後の当時、わが国は物資や食糧の深刻な不足により、猛烈なインフレに見舞われていた。そのような中、政府は預金封鎖を実行した。預金を封鎖することで世の中に出回るお金の量を減らし、インフレを抑えることが目的であった。しかし、それはあくまでも表向きの目的であり、本当の狙いは別のところにあった。それこそ財産税である。それについては、当時の渋沢蔵相も次のようにはっきりと語っている。

大蔵官僚（当時）福田赳夫氏
「通貨の封鎖は、大臣のお考えではインフレーションが急激に進みつつあるということで、ずっと早くから考えていられたのでございますか？」

蔵相（当時）渋沢敬三氏

「いや、そうではない。財産税の必要から来たんだ。まったく財産税を課税する必要からだった」

ＮＨＫ「ニュースウォッチ９」（二〇一五年二月一六日放送）より

特集では当時の大蔵官僚の証言記録も紹介されているが、その内容は思わず耳を疑うものであった。

大蔵官僚（当時）の証言

「天下に公約し国民に訴えて発行した国債である以上は、これを踏み潰すということはとんでもない話だ。取るものは取る。うんと国民から税金その他でしぼり取る。そうして、返すものは返す」

『『一億戦死』という言葉がある。みな一ぺん戦死したと思えば、相続税を一ぺん位納めてもいいじゃないか」

――NHK「ニュースウォッチ9」（二〇一五年二月一六日放送）より

国民の生命と財産を守るべき国家が、戦争や国家破産といった国家の非常時においては、逆に国民の生命と財産を犠牲にすることさえ厭わなくなるということだ。

いずれにしても、預金封鎖の真の目的はインフレ抑制ではなく、財産税を課すことで国民の財産を取り上げ巨額の国の借金と相殺し、国の財政を建て直すことにあったのだ。

では、当時、国民に課せられた財産税とはどのようなものだったのか。ここで詳しく見ていこう。

「取るものは取る。返すものは返す」

戦時中の軍事支出の膨張により、終戦時のわが国の財政は完全に破たん状態であった。国債に借入金を含めた政府債務残高は、一九四四年度末時点で国民所得の二倍をはるかに上回っていた。日本国政府が発行した外国債（外国で発行される国債）は、戦争中の一九四二年より利払いが停止され、その後一九五二年までデフォルト状態が続いた。

しかし、当時の国債残高全体に占める外国債の割合はごくわずかであった。一九四五年度の国債残高は一四〇八億円であったが、そのうち外国債は九億円にも満たなかった。国債残高全体に占める外国債の割合は、一九三〇年度には約二五％あったが一九四五年度には〇・六％程度まで縮小した。わが国の財政悪化にともない、すでに外国での資金調達が困難になっていたことが窺える。

結局、終戦時のわが国の国債残高の九九％以上は内国債（国内で発行される国債）であった。では、当時の莫大な政府債務のほとんどを占めていた国内債務はどのように処理されたのだろうか。一九四五年八月に終戦を迎えると、債務の破棄、インフレ、国債の利率引き下げなどの様々な対応策が大蔵省内部で検討された。そして、前述のＮＨＫ「ニュースウォッチ９」で放映された大蔵官僚（当時）の証言にもあるように、「取るものは取る。返すものは返す」という基本原則が決められた。

そのような中、財産税の構想が浮上した。「取るものは取る」ために、国民の動産、不動産、現預金などに対し、最高税率九〇％という極めて高率の財産税が課せられることとなった。そして、それを原資に「返すものは返す」として、内国債の元利については可能な限り償還された。つまり、財産税で国民の財産を取り上げる一方で、内国債については形式的には債務不履行（デフォルト）を回避したのである。別の言い方をするなら、「国民に財産税を課し、その資金で国債を償還する。つまり、国の借金を減らす」という政府の意図を窺うことができよう。

預金封鎖と「五〇〇円生活」

国民に財産税をかけるには、まずは対象となる国民の財産を正確に把握する必要がある。そのために政府が行なったのが「預金封鎖」と「新円切換」だ。

昭和二一年二月一六日、政府は「総合インフレ対策」を発表した。対策の柱となったのが「金融緊急措置令」と「日本銀行券預入令」であるが、その内容は次のようなものであった。同年二月一七日以降、全金融機関の預貯金を封鎖することが発表された。預金流出を防ぐため極秘裏に準備が進められ、二月一六日に国民に発表されたあと、わずか一日で預金は封鎖された。

新聞各紙は一面トップで預金封鎖の決定を大きく報道した。当時の朝日新聞には「けふから預金封鎖」という大きな見出しの横に、やや小さな文字で「解除は財産税徴収後」とはっきりと書かれている。預金封鎖がインフレ対策などではなく、財産税徴収を目的としていたことはこの報道からもよくわかる。

預金封鎖と言っても、すべての預金が凍結されたわけではなく、一定範囲内の預金引き出しは認められた。ただし、引き出しが許された金額は、月額で世帯主が三〇〇円、世帯員一人につき一〇〇円に過ぎなかった。一世帯に認められる引き出し額は五〇〇円くらいであり、「五〇〇円生活」という流行語が生まれた。当時の公務員の初任給は五〇〇〇円程度だったというから、五〇〇〇円は現在の二〇万円くらいと考えられる。この金額で一つの家族が生活するのは、決して楽ではないだろう。ましてや戦後のハイパーインフレで円の価値が大幅に減価したことを考えれば、当時の国民は相当苦しい生活を強いられたであろうことは想像に難くない。

新円切換でタンス預金もあぶり出す

預金封鎖と同時に行なわれたのが、「新円切換」である。新円を発行し、既存の旧円から切り換えられた。新円と旧円との交換比率は、一：一である。

交換比率が一：一の新円切換と聞くと、いわゆる新札発行をイメージするかもしれない。一万円札がリニューアルされ、肖像が聖徳太子から福沢諭吉に変更されたようなものではないかと。聖徳太子の一万円札はさすがにもうほとんど流通していないが、買い物に使おうと思えば今でも使えるし、銀行で現行の

朝日新聞

昭和二十一年二月十七日

預金拂出し制限・新圓發行

經濟危機突破へ非常措置

食糧、生必品、勞務に亙る綜合施策

けふから預金封鎖

解除は財産税徴收後

月額三百圓（世帶主）百圓（一人）

封鎖預金の現金拂ひ

金融緊急措置要領

十圓以上の舊券は三月二日限り無效

廿五日から七日迄　一人當り百圓引換

日本銀行券預入要領

經濟危機緊急對策

ある朝、多くの日本国民はその朝刊を見て、初めて預金封鎖の事実を知ったのだった。　　　　　（朝日新聞　昭和21年2月17日付）

福沢諭吉の一万円札に交換してもらうこともできる。つまり、国民の資産にはまったく影響がない。

しかし、当時の新円切換は、このような新札発行とは根本的に異なるものだった。新円への切り換えと共に旧円は無効とされたのだ。旧円の使用期限は三月二日までとされ、それ以降は旧円は一切使えなくなった。預金封鎖からわずか二週間でそれまでのお金が無効となったのである。手持ちの旧円は、銀行にて新円に交換された。

さて、財布の中や自宅にある旧円はどうするか？　現代にたとえれば、「みなさん、これから一万円札は福沢諭吉です。聖徳太子の一万円札はもう使えなくなります。銀行で交換してあげますから銀行に持って来て下さいね」ということだ。当然、銀行に旧円を持ち込み、新円に交換してもらうだろう。その結果、国民の資産は銀行にある預金だけでなく、タンス預金までもがあぶり出され、封鎖の対象となったのである。政府は旧円を三月七日までに銀行に預け入れさせ、すでにある預金と共に封鎖した。新円は二月二五日より発行され、すでに述べたように一定限度内に限り新円による引き出しが認められた。

一方、やや意外な感もあるが、当時、一時的に消費が盛んになったそうだ。旧円が使えるうちに使おうと考えた人たちの消費により、旧円の使用期限までは消費が増大したという。

当時の新円切換の実施時期は、当初の想定より半年程度繰り上げられたため、新円の製造が間に合わなかったという。そこで、政府は簡単な証紙を発行し、その証紙を旧円の表面に貼り付けることで新円とみなすこととした。この証紙の貼り付けは、日銀や各地の金融機関にて一枚一枚手作業で行なわれたという。証紙が貼ってあれば、旧円も新円として使えるということで、証紙そのものが闇市で出回ったという。

預金封鎖および新円切換の計画は極秘裏に進められたが、いつの間にか国民に知られることとなった。この時、切り換えの対象となった旧円は五円以上の銀行券であった。硬貨や小額紙幣は切り換えの対象外であったため、人々は小銭を貯めこんだ。小銭を集めるために、十円券で七円のタバコを買うなど、釣り銭目当てに買い物をする人も多かった。多くの駅では、切符を買い求める人たちの長い行列ができたという。十円券や百円券で切符を買い、おつりをもらうためだ。

預金封鎖後もインフレは収まらず

預金封鎖と新円切換により、日本銀行券の発行高は急減した。急速なインフレの進行にともない、終戦時に二九六億円であった銀行券の発行高は昭和二一年二月には六一八億円へと膨張した。わずか半年で倍増するという異常な状況であった。それが同年三月には一五四億円と今度は逆にわずか一ヵ月で約四分の一に激減したのである。それでもなお、インフレが終息することはなかった。

引き出し制限の金額もほどなくして引き上げられた。昭和二二年九月一日より、世帯主に対しては三〇〇円を八〇〇円に、世帯員一人につき一〇〇円を二〇〇円へと改定された。

政府は国民に預貯金を奨励し、新たに宝くじを発売するなど、インフレを抑制するため、国民の浮動資金の吸収に努めた。しかし、笛吹けども踊らず。政府が貯蓄を呼び掛けても、国民が引き出した新円はほとんど金融機関に還流することはなかった。預金封鎖という国民に対する裏切り行為を行なった政府をもはや信用する人はいなかったということだろう。預金封鎖直後、昭和二一年三月に一五四億円まで減少した銀行券の発行高は、昭和二二年一月には一〇〇〇億円を突破した。

結局、預金封鎖、新円切換を含む当時の一連の措置は、インフレ抑制という表向きの目的についてはほとんど効果を上げることができなかったと言えよう。

「臨時財産調査令」であらゆる財産を申告させる

預金封鎖と新円切換と同時に、「臨時財産調査令」というものも公布された。これは旧円の使用期限の翌日、三月三日時点の国民が保有する財産を強制的に申告させるというものだ。これこそ財産税算定の基礎となる財産調査である。三月三日から四月二日までの一ヵ月間に、税務署または金融機関に「臨時財産申告書」を提出することが義務付けられた。ご丁寧なことに、当時の日経新聞にはこの申告書の用紙まで付いていたという。

預貯金はもちろん、株式や公社債などの有価証券、生命保険、無尽、年金なども財産調査の対象となった。五〇円以下の預貯金や有価証券、保険金額が一〇〇〇円以下の生命保険などについては申告は不要とされた。当時の公務員の初任給から現在の価値に直すと申告が免除されたのは預貯金や有価証券が二万円程度まで、生命保険は四〇万円程度までであり、ほとんどの資産が申告の対象になったと言える。

調査対象となった財産は、換金処分ができないよう、臨時財産申告時に封鎖することとされた。申告書や申告に応じた証券などには、封鎖した証しとして申告済証紙が貼付された。また、臨時財産調査に応じなかった金融資産については、その効力を失うという措置がとられた。

預金封鎖、新円切換、そして臨時財産調査令により、国民のほとんどの財産は政府に把握、凍結されることとなった。こうして、財産税課税への準備は整えられていった。

財産税と没落する富裕層

昭和二一年一一月一一日、財産税法が成立した。これにより、臨時財産調査令の結果に基づき財産税額が決定された。一〇万円超の資産を保有している者が課税の対象となった。税率は一〇万円を超える金額に対して二五%、一一万円を超える金額に対して三〇%というように、資産の額が多いほど税率が上がる超過累進課税がとられた。税率は最低の二五%から一四段階で設定され、驚くべきことに最高税率は九〇%であった。一五〇〇万円を超える金額に対して、九〇%の税率が課せられたのである。当時の一〇万円は現在の四〇〇〇万円くらい、一五〇〇万円は現在の六〇億円くらいに相当すると考えられる。つまり、当時の財産税は現在の通貨価値で言えば、四〇〇〇万円超の資産を保有する中流層以上の国民全員に課税され、六〇億円超の資産を保有する超富裕層に対しては、九〇％もの酷税が課せられたのだ。

この極度の累進課税は、富裕層に大打撃を与えた。九〇％という税率はもはや財産の没収に等しく、多くの富裕層が没落していった。九〇％の最高税率を適用された者は、一〇〇人ほどいたという。当時の大蔵省の発表によれば、税額の第一位は住友財閥の住友吉左衛門とその家族で、課税価格が一億二〇〇〇万円、財産税の税額が一億六六一万円であった。資産は約一〇分の一に激減し、残った資産は一三〇〇万円程度であった。その他、税額の上位には三井高公、岩崎久弥など財閥の当主らが名を連ねる。

たいていの資産家は資産を現金だけでなく、不動産や株式など様々な形で保有しているものだ。多くの資産家にとって、このような超高額の税金を現金で一括納税することは困難であった。そのため、彼らは物納により財産税を納めた。土地や株券をはじめ、絵画や骨董品などを物納したのである。資産家たち

昭和21年の財産税の税率

課税価格	税率
10万円超～11万円以下	25%
11万円超～12万円以下	30%
12万円超～13万円以下	35%
13万円超～15万円以下	40%
15万円超～17万円以下	45%
17万円超～20万円以下	50%
20万円超～30万円以下	55%
30万円超～50万円以下	60%
50万円超～100万円以下	65%
100万円超～150万円以下	70%
150万円超～300万円以下	75%
300万円超～500万円以下	80%
500万円超～1,500万円以下	85%
1,500万円超	90%

が保有する美術品などの貴重なコレクションは、財産税の納税のために大量に売却された。

財産税を導入した当時の蔵相、渋沢敬三自身も広大な屋敷を物納している。そして、敷地内にある執事が使用していた小さな小屋に移り住んだ。彼は「三〇〇万人もの人が死んだのだから、このくらいのことは当たり前のことだ」「ニコニコしながら没落していけばいい。いざとなったら元の深谷の百姓に戻ればいい」（佐野眞一著『渋沢家三代』〈文藝春秋刊〉より）と言い、財産税と公職追放令により地位も財産も失ったにもかかわらず、平然と暮らしていたという。

渋沢のこのエピソードはある意味では美談とも言えるが、「にこやかなる没落」を実践できた渋沢の境遇は、他の資産家に比べればかなり恵まれていたと言えなくもない。財産税の現金納付ができず、自宅の屋敷を物納した結果、住む家を失った者は少なくない。財産税の実施にあたり、東京では旧家の当主など資産家の自殺が相次いでいる。

その象徴的事件とされるのが、旧大名家の当主であった高木正得の自殺である。一九四八年七月、彼は「呉れ〴〵も捜してはいけません。無駄です。自然に融合して還元するのみ」と遺書を残し失踪した。四ヵ月後、彼は奥多摩の山中で白骨死体となって発見された。奥多摩は、昆虫学者でもあった彼がかつて昆虫採集に通った思い出の地であったという。

皇室財産も財産税で一〇分の一に

さて、実は当時、前述の住友吉左衛門をもはるかに上回る超資産家が存在した。それこそ皇室である。皇室は財産税の課税の基準となる昭和二一年三月三日時点で三七億円強の資産を保有していた。現在の価値に直すと、約一兆五〇〇〇億円という巨額の資産であった。

皇室財産はそれまで課税対象ではなかったが、ＧＨＱの強い指導により財産税の課税対象とされた。これ程巨額の資産であるから、当然、最高税率が課せられた。三七億円強の資産に対し、税額は三三億円を超えた。残った金額はわずかに四億円程度、現在の価値にして一六〇〇億円程度に過ぎなかった。皇室という超資産家もまた、財産の九割を税金として国に持っていかれたのである。
そして、日本国憲法の発効と共に、わずかに残った皇室財産も国有とされた。また、皇室費用は予算に計上して国会の議決を経なければならなくなった。

財産税が課せられた世帯は全体の三%

ところで、当時、財産税を課せられた国民はどのくらいいたのだろうか。埼玉大学経済学部教授の鈴木邦夫氏による論文「財閥解体・財産税と財閥家族資産の縮小」には次のように記述されている。

純資産が一〇万円を超える世帯数は四七万六四八九世帯であり、その純資産合計は一二一九億円であった。一九四七年の日本の世帯数は一五八七万〇八一一世帯であるから、一〇万円超の世帯は全体の三%

にすぎず、残る九七％（約一五四〇万世帯）が非課税世帯（純資産が一〇万円以下、あるいはマイナス）であった。仮に非課税世帯の平均純資産を極めて過大に見積もって五万円とすると、これに対する財閥家族四八世帯の平均純資産額の倍率は、課税前（一五四一万円）の三〇八倍から、課税後（二三七万円）の四七倍へと、一桁少ない数値になる。両者の格差は大幅に縮小したのである。

財産税が課税された世帯は全体の三％の資産家のみであり、大多数の国民には関係がなかったことが窺える。酷税により資産家が没落した結果、失う資産のない一般庶民との貧富の格差は一気に縮まった。

財産税の課税対象は富裕層のみだったのか？

それに対し、日本総合研究所調査部の上席主任研究員である河村小百合氏は、鈴木邦夫氏とはやや異なる見方を示す。河村氏は「財政再建にどう取り組むか——国内外の重債務国の歴史的経験を踏まえたわが国財政の立ち位置と今後の課題——」と題した論文の中で、次のように述べている。

一人当たりの税額は、もちろん、保有財産額の多い富裕層が突出して多いことがみてとれるが、政府による税揚げ総額の観点からみると、いわば中間層からの税揚げ総額が最も多い形となっている。このように、戦後に実施された財産税は、その語感からは、ともすれば富裕層課税を連想しがちではあるが、実際にはそのような性質のものではなく、貧富の差を問わず、国民からその資産を課税の形で吸い上げるものであったといえよう。

河村氏は、財産税は決して富裕層課税ではなく、貧富の差を問わず広く国民に課税されたものだったと述べているわけだ。実際、河村氏がこの論文中に掲載している「財産税の実施時点における階級別見込み額」という図表を見ると、一人当たりの財産価額に人員（戸）数をかけた財産価額の総額は、課税価額「三〇万円超五〇万円以下」の層がもっとも多くなっている。また、一人当たりの税額に人員（戸）数をかけた税額の総額は、課税価額「五〇万円超一〇〇万円以下」の層がもっとも多くなっている。

一人当たりで見れば、財産価額も税額も課税価額「一五〇〇万円超」の層がもっとも多くなるのは当然であるが、それぞれについて総額で見ると、もっとも多いのは課税価額「一五〇〇万円超」の超富裕層ではないのである。確かに当時の財産税の課税対象は一〇〇万円超の資産を有する世帯であり、鈴木氏によればそれは全世帯の三％程度であるから、国民の大半は財産税非課税であった。しかし、その事実をもって、財産税は富裕層のみを対象とする税金であり、一般庶民にはまったく関係がないと断定してよいのだろうか。

すでに述べたように、当時の一〇〇万円は現在の四〇〇〇万円くらいの価値と考えてよい。現在、四〇〇〇万円の資産を保有する人は、資産家と言えば資産家であるが、誰もが驚くような大金持ちとは言い難い。

わが国の個人金融資産は高齢者層に偏っているが、二〇一三年の金融広報中央委員会「家計の金融行動に関する世論調査」によると、世帯主が六〇歳代の一世帯当たり金融資産保有額は平均で一五三五万円、中央値でも六七〇万円である。このデータから考えても、高齢世帯で四〇〇〇万円以上の資産を保有する世帯は、決して珍しくはないことが窺える。

河村氏は登壇した講演会の中で、預金封鎖に巻き込まれた自身の祖父の話を、次のように語っている。


私の父は、昭和一一年生まれで預金封鎖のとき一〇歳だったのですが、当時のことは覚えてないと言っておりました。ただし、父は、戦後、大学に行きたいと自分の父親（私の祖父）に話をしたとき、とてもではないが進学できるだけの経済的余裕はないと言われたことを覚えているそうです。なぜそんなにお金がないのかと聞いたとき、祖父

はしきりに預金封鎖で政府に持っていかれたということを言っていたそうです。祖父は海軍で働き、戦前にはそれなりの貯金もあったと言っており、普通の庶民の家庭だったと思うのですが、預金封鎖で全部洗いざらい持っていかれたそうです。

参議院ホームページ「経済のプリズム」第一一七号より

河村氏の祖父が「普通の庶民」だった、と言ってよいのかはわからないが、この手の「預金封鎖で財産を持っていかれた」という話は一般国民レベルでも決して少なくはない。

結局のところ、当時、財産税を課せられた世帯は全世帯のわずか三%であったとはいえ、課税世帯の大部分が富裕層であったとは言えないのではないだろうか。極端な累進課税により、超富裕層が壊滅的な打撃を受けたのは間違いないが、そこそこのお金持ち（現在で言えば、資産額数千万円以上）もかなりの打撃を受けたであろうことが窺える。

また、当時の激しいインフレにより、封鎖が解除された時には預金の価値は一七分の一になったわけで、財産が大幅に減ったことには違いない。

「戦時補償特別税」という借金の踏み倒し

終戦後、わが国政府は内国債のデフォルトは回避した一方、それとはまた別の形で借金の踏み倒しを行なっている。それが「戦時補償特別税」というものである。

終戦時、政府は一〇〇〇億円を超える戦時補償債務を抱えていた。戦時補償債務とは、太平洋戦争中に政府が国内企業や国民に対して支払いを約束した債務である。軍需品の未払代金や建設工事の工事代金、撃沈された船舶に対する補償など、主に個人よりも企業が対象であった。これらの債務が、実質的に踏み倒されたのである。

当初、政府は戦時補償債務については財産税などを財源として支払う方針であったという。「取るものは取る。返すものは返す」という方針の下、形式的とはいえ内国債のデフォルトは回避した政府にとって、戦時補償債務の踏み倒しもやはり避けるべきという考えがあったのではないだろうか。

しかし、連合国は「日本国政府と共に戦争に加担した日本企業にも制裁が加えられるべき」との考えもあり、この方針に反対した。連合国側の戦時補償債務支払い打ち切りの要求に対し当時の石橋蔵相などは強く反対したが、結局、ソ連（当時）の強い要求により、わが国政府は連合国の要求を受け入れたのである。

形式上、戦時補償債務は全額支払い、国内企業や国民の戦時補償請求権に対して一〇〇％課税されることとなった。お金の貸し借りにたとえれば、「政府があなたから借りたお金は全額一括で返済します。ただし、それと同額の税金をお支払いいただきます」ということだ。完全に踏み倒しである。表面上は国民の財産権は侵害せず、その一方で国家の徴税権をフルに行使し、債務をチャラにしたのである。

一九四六年一〇月、「戦時補償特別措置法」が公布された。同法に基づき、戦時補償債務には戦時補償特別税が課税され、結局、債務は一〇〇％踏み倒されたのである。

アメリカ独立戦争を引き起こしたイギリスの課税政策

戦後の日本の財産税を見てもわかるが、戦争と税金には深い関わりがある。戦争には莫大な費用がかかる。そこで、いざ戦争が始まると国家は国債を増発したり、増税や新税を導入するなどして戦費を調達するわけだ。戦争に負ければ、巨額の賠償金や債務の処理のために増税が図られる。あるいは過酷な税金が民衆の怒りを買い、戦争や革命につながった例もある。そのような過去の事例をいくつか見ていこう。

アメリカ植民地が独立を果たすアメリカ独立戦争のきっかけになったのも、税金に対する人々の怒りであった。当時、イギリスとフランスは北アメリカにおける植民地獲得競争を繰り広げており、一七五四年にはフレンチ・インディアン戦争が勃発した。最終的にイギリスが勝利したものの、この戦争によりイギリスは税収総額の約半分に相当する一億三〇〇〇万ポンドもの巨額の債務を抱えることとなった。

そこで、イギリスはアメリカ植民地に新たに課税することにした。一七六五年には印紙法が制定され、アメリカ植民地に印紙税を課した。法律上、有効な証書、契約書、許可証、新聞やパンフレット、さらにはトランプのカードにまで印紙を貼ることが義務付けられた。

当時、植民地からイギリス議会に代表が選出されていなかったことから、「代表なくして課税なし」として、植民地の人々は課税強化に強く反発した。各地で有力商人らによる組織的な抵抗が行なわれ、英国との貿易は減少し、翌一七六六年には印紙法は撤廃に追い込まれた。

次にイギリス議会は「タウンゼント諸法」を成立させた。この法律の中には、植民地がイギリスから輸入する茶、ガラス、紙、鉛、塗料などに関税をかけるというものがあった。印紙税のような内国税ではなく、植民地がイギリス本国から輸入する製品に課税するわけだから合法だ、という考えを前提としていたという。タウンゼント諸法による関税の制定も、やはり植民地での反対運動を招いた。植民地の人々と英国との対立は深まり、ボストン市民がイギリス軍兵士に射殺される「ボストン虐殺事件」なども起こっている。

結局、イギリスは一七七〇年に紅茶以外のすべての製品に対し、タウンゼント諸法による関税を撤廃した。紅茶の関税は残ったが、当時、植民地にとって紅茶は贅沢品であり、紅茶を消費していたのはごく一部の人たちであったため、一連の反対運動は終息していった。その後、イギリスとアメリカ植民地の関係はしばらく平穏な状態が続いた。

しかし一七七三年、事態は動く。タウンゼント諸法以来、紅茶の輸入に課税されていた植民地側はオランダから紅茶を密輸入するようになっていた。このことは当時、経営難に陥っていた東インド会社に打撃を与えていた。

そこで、イギリスは東インド会社を救済するため一七七三年に茶法を制定した。植民地側の紅茶の密輸入を禁じ、東インド会社に植民地における紅茶の販売独占権を与えたのである。これにより、東インド会社は植民地の卸売業者を通すことなく、当時の市価の半額という安値で紅茶を販売することが認められた。このことは、紅茶の密輸による利益を奪われた植民地の貿易業者の反発を招いた。

そして、あの有名な事件が起きる。「ボストン茶会事件」である。一七七三年一二月一六日、毛布やフェイスペイントなどでインディアン風の扮装をした五〇人ほどの集団がボストン港に停泊中の東インド会社の船を襲撃し、三四二箱もの茶箱を海に投げ捨てたのである。

翌年、イギリス政府はボストン港の閉鎖、マサチューセッツの自治の剥奪などによりボストンを軍政下に置いた。一方、植民地側は各地の植民地代表による第一回大陸会議を開き、イギリス製品のボイコット、イギリスへの輸出の中止などが決められた。両者の対立は決定的となり、一七七五年にはついに独立戦争が勃発した。

このように、イギリスの課税政策に対する植民地の人々の不満が、アメリカ独立戦争の大きな要因となったのである。

フランス革命も戦争と増税が原因

フランス革命もまた、戦争と税金が大きく関わっている。一八世紀のフランスには「アンシャン＝レジーム」（旧制度）という階級制度が残っていた。国民は、第一身分の聖職者、第二身分の貴族、第三身分の平民という三つの身分に分けられていた。完全なピラミッド構造で、全人口の九八％を第三身分の平民が占めていた。第一身分と第二身分の割合は全人口のわずか二％に過ぎなかったが、まさに特権階級であった。国土の約四〇％を支配し、年金支給と免税の特権もあったのだ。

一七八〇年代のフランスは、当時の歳入の九倍に相当する四五億リーブルもの財政赤字を抱えていた（しかし、現在の日本国政府はなんと歳入の二〇倍もの借金を抱えている)。財政悪化の要因は、ルイ一四世時代以来の戦争にかかった経費、宮廷の浪費などである。また、アメリカ独立戦争に対してルイ一六世が行なった支援も財政を圧迫した。これらの債務が累積していったのである。

そのような中、一七八三年にはアイスランドのラキ火山が噴火した。この噴火による噴煙は、ヨーロッパ全域で日照量を激減させた。フランスでも日照不足により農作物の収穫量は減少し、飢饉を引き起こした。主食であるパンの価格が高騰し、多くの国民が困窮した。おのずと、国の財政もますます悪化したのである。

いよいよ追い込まれたルイ一六世は財政改革に本格的に取り組んだ。ただ、すでに第三身分の平民からはこれ以上増税しようがないほど税金を取っていたので、聖職者と貴族の特権にメスを入れようとした。当然、特権階級は反発する。そこで、身分別議会である「三部会」を招集して課税を図ろうとした。ところが、議決の方法をめぐり議論が紛糾したため、第三身分が中心となり新たに「国民議会」が形成された。そして、国民議会を正式な議会と認めるようルイ一六世に要求した。事態の収拾を図るため、ルイ一六世が国民議会を正式に認めると、特権階級の聖職者や貴族らはこれに反発し、平民に圧力をかけるために軍隊を集結させるよう国王に強要した。

平民と軍隊との間で緊張が高まる中、平民に人気のあったジャック・ネッケルが罷免されると民衆の怒りは爆発し、バスティーユ牢獄を襲撃した。これを契機に争乱はフランス全土に波及、フランス革命へと発展していったのである。

日本に預金封鎖、財産税の悪夢は再びやってくるのか？

さて、終戦直後の日本で、どれほど過酷な税金がどのような方法で課されたのかを中心に見てきたが、将来的な国家破産がほぼ避けられない現在の日本で、預金封鎖や財産税などの大増税は起こりうるのだろうか。

二〇〇九年に財政赤字の隠ぺいが明らかになり、財政危機に陥ったギリシャでは、ＥＵ（欧州連合）、ＩＭＦ（国際通貨基金）、ＥＣＢ（欧州中央銀行）か

アンシャン＝レジームを風刺した画（平民が聖職者と貴族を背負っている）。　　　　　　（写真提供：ROGER_VIOLLET）

らの金融支援を受けるため、年金や公務員の給与カット、付加価値税の引き上げなど厳しい緊縮財政を強いられた。その結果、経済は冷え込み、ギリシャは深刻なデフレに陥った。多くの国民の生活は苦しくなり、次第に緊縮財政への国民の不満が高まっていった。

そして、二〇一五年に反緊縮を掲げる急進左派連合（ＳＹＲＩＺＡ）が総選挙で圧勝し、チプラス党首が首相に就任すると、債務の減免を求めるギリシャ新政権と緊縮を求めるＥＵとの対立が深まった。

また、ギリシャ国債に多額の投資をしていたため金融危機に陥ったキプロスでは、二〇一三年に預金封鎖が行なわれた。そして、国内のすべての預金に対して一〇％の税金をかけることが発表された。当然、国民は猛反発し、ブルドーザーで銀行に突入し抗議する者まで現れた。預金課税法案はキプロス議会で採決されたが、賛成票ゼロで否決された。結局、一〇万ユーロ以下の小口預金者は対象外となった。

国家が財政危機に陥れば、当然、緊縮財政の一環として増税が行なわれる。

ただ、比較的最近の事例では、それほど極端な緊縮策は行なわれていない。と言うよりも、極端な緊縮策は実行できないと言った方がよい。現代において、昭和二一年に日本で行なわれた最高税率が九〇％にもおよぶ財産税や、一〇〇％の戦時補償特別税といった事実上の財産没収のようなことはそう簡単にはできないだろう。

ギリシャでは付加価値税が引き上げられたが、それでも二三％である。日本の消費税率と比べれば高いが、そもそも日本の消費税率は国際的にはかなり低いので比較するのは適当ではない。ヨーロッパでは、ＥＵ加盟国の多くが二〇％前後の税率となっており、ギリシャの二三％の税率は際立って高いわけではない。預金封鎖を実施したキプロスでは国民の猛反発の末、一〇万ユーロ以下の預金者には課税されないこととなった。結局、多くの民主国家においては国民の財産権を侵害する政策は取りにくいということだ。

しかし、だからと言って将来の日本において預金封鎖や財産税がありえないとは言い切れない。終戦後にＧＨＱが有無を言わさず一〇〇％の戦時補償特別税を課したように、今後、国家破産の際にＩＭＦが日本に改革を迫れば、昭和二一年の再来も絵空事ではない。

もし、ギリシャのように改革を拒めば、最終的には市場の制裁が待っている。巨額の債務という壮大なツケは、いずれは誰かが何らかの形で払わなければならないのだ。

第二章　ハイパーインフレの悲惨

財政支出は浪費的かつ消耗的であればあるほど景気対策としては好都合だ。
どんどん無駄金を使うべきだ。

——ジョン・メイナード・ケインズ

日本の財政は社会保障（＝年金・医療・介護）で破たんする！

第二部第一章では、歴史的に見た大増税の苛烈さについて述べてきた。ではひき続き、現代の日本において大増税は起こり得るのかを考えてみたい。

ここに「X-day プロジェクト報告書」という興味深い資料がある。「X-day」とは〝国債暴落〟のその日を意味する。民主党政権下の二〇一一年六月一日、野に下っていた自民党が「責任ある政治」を標榜し、悪化し続ける財政に対する危機感から、政策当局や市場関係者、学識経験者を交えて議論し、財政悪化に対してどのような政策対応をすべきかをまとめた報告書である。

報告書はまず、「国債の大量発行が続く中、財政は極めて厳しい状況にある」に始まり、次いで「民主党政権は、こうした状況を直視せず、マニフェストの実施にこだわり、かつ無駄の削減や政策の見直しによる財源確保の公約を守れなかったため、財政、ひいてはわが国の経済、そしてわが国の将来を危うくしている」と指弾する。そして「財政を巡る現状」の項では、まず次のように指摘する。

「我が国の財政は、バブル崩壊以降の経済の低迷などに加え、一九九〇年代以降の急激な少子高齢化にともない、社会保障関係費が著しく増加し、歳出の相当部分を占めるようになるなど極めて厳しい状況となっている。毎年一兆円程度、社会保障関係費の増が見込まれる中、歳出の抑制は必ずしも進まず、こうした状況にも対応するため、消費税を含む税制抜本改革の実施が一刻を争う喫緊の課題となっていた」。

この認識は極めて真っ当である。私は常々指摘しているのだが、わが国財政悪化の根本原因は、社会保障に国がかける費用が膨張し続けるところにある（社会保障とは、現状では一に年金、二に医療、三・四がなくて五に介護という感じであるが、今後は当然介護にかかる費用が大幅に増え、第三のポジションを確固とすることが予想されている）。

この報告書の話を続ける前に、まず社会保障について確認して行きたい。財務省が作成した「日本の財政関係資料」（平成二六年一〇月版）の中から三つのグラフを使って、社会保障と国の借金の問題に関して改めて簡単に説明しておこう。一つ目は「国の借金の増え方のグラフ」（一〇一ページ参照）だ。ひたすら増え続けているのは言うまでもないが、注目してもらいたいのはグラフの上の部分・建設公債はほとんど増えておらず、下の部分・特例公債＝赤字国債の増大が国の借金を増やしているということだ。つまり、今わが国の借金を膨張させているのは、よく批判の対象になるムダな公共事業ではなく、ハコモノとして残らない、使われて消えていくお金のためなのである。

二つ目のグラフ（一〇二ページ）は、何への支出増が国の借金増の要因になっているかをより項目別に表すものだ。一つ目のグラフでも明らかだったように、借金増の要因は公共事業ではない。明らかに社会保障関係費なのである。

そして三つ目のグラフ（一〇三ページ）は、社会保障給付費と社会保険料収入の推移だ。わが国の社会保障制度は社会保険制度であるから、民間の保険会社と同様、給付は保険料収入でまかなうのが基本であった（あまり意識されないが、ここがポイントである。保険の給付は、そのタネ銭がなければできない。それは民間の保険も公的保険も本来同じなのだ）。しかし、グラフで明らかなように、保険料収入は一九九〇年代後半からほとんど増えていないにも関わらず、高齢化にともなって給付の方はどんどん増え続けている。国民のウケを狙う政治家たちは、そういうバラマキの社会保障制度を作ってしまったのだ。

グラフではその差額を埋めるのは「公費」＝「国庫負担」＋「地方税等負担」となっているが、この表現が面白い。実は一年前の（平成二五年一〇月版）「日本の財政関係資料」までは、財務省は「国税負担」＋「地方税等負担」という表現を使っていたのだ。「国税負担」という表現が「国庫負担」という表現に改められたのはなぜか？　現役世代や企業から社会保険料としてタネ銭が取れないのであれば、税金の形で取るしかない。だから本筋から言えば「国税負担」なのであるが、実際には税金でまかなってはいないからだ。本来なら消費税を充てるところであるが、消費税率が一九九七年四月に五％に引き上げられて以降、二〇一四年四月まで一七年間上げられなかったのは、ご存知の通りである。

国債残高の累増

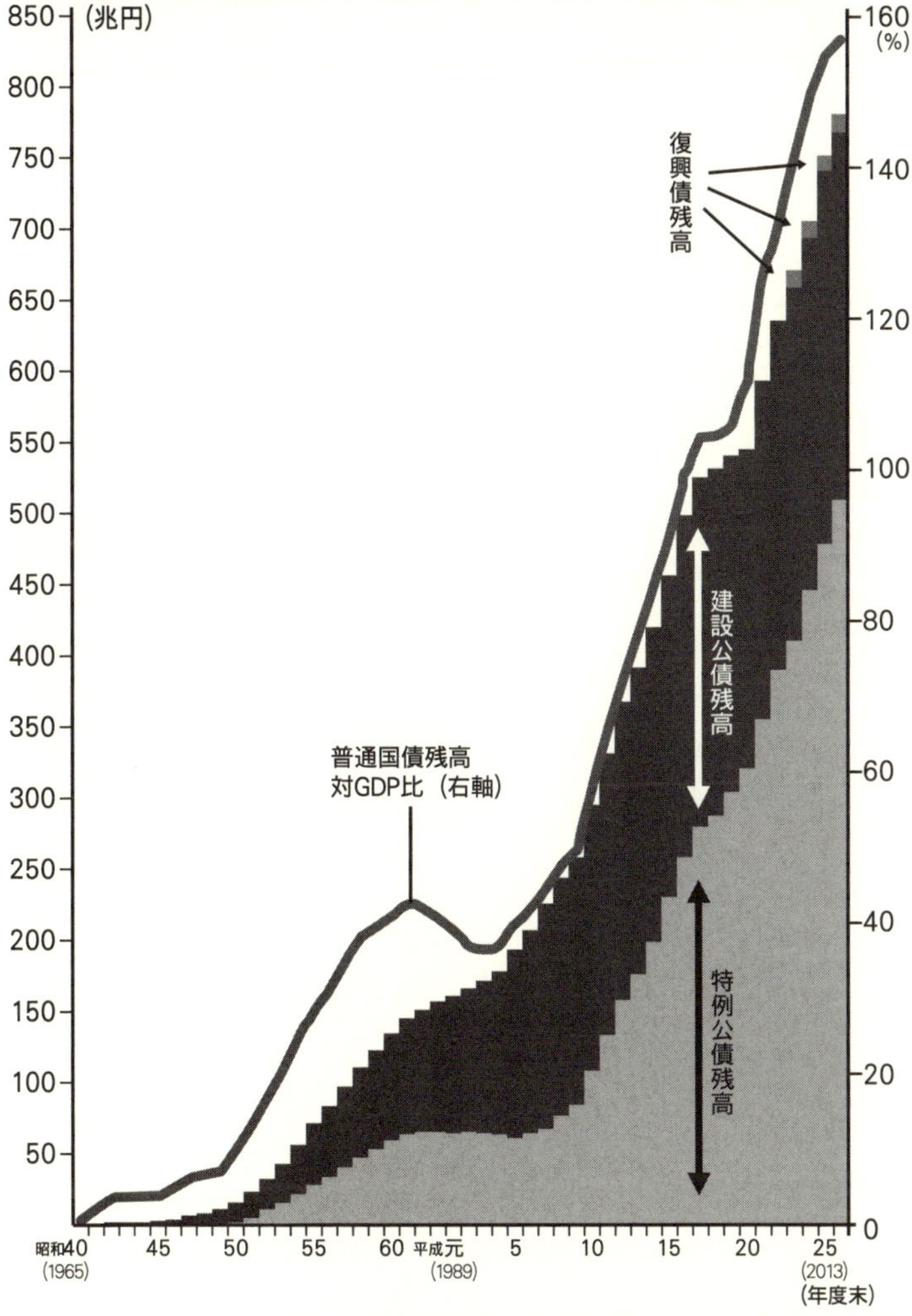

財務省「日本の財政関係資料」を基に作成

国債残高・歳出の増加要因

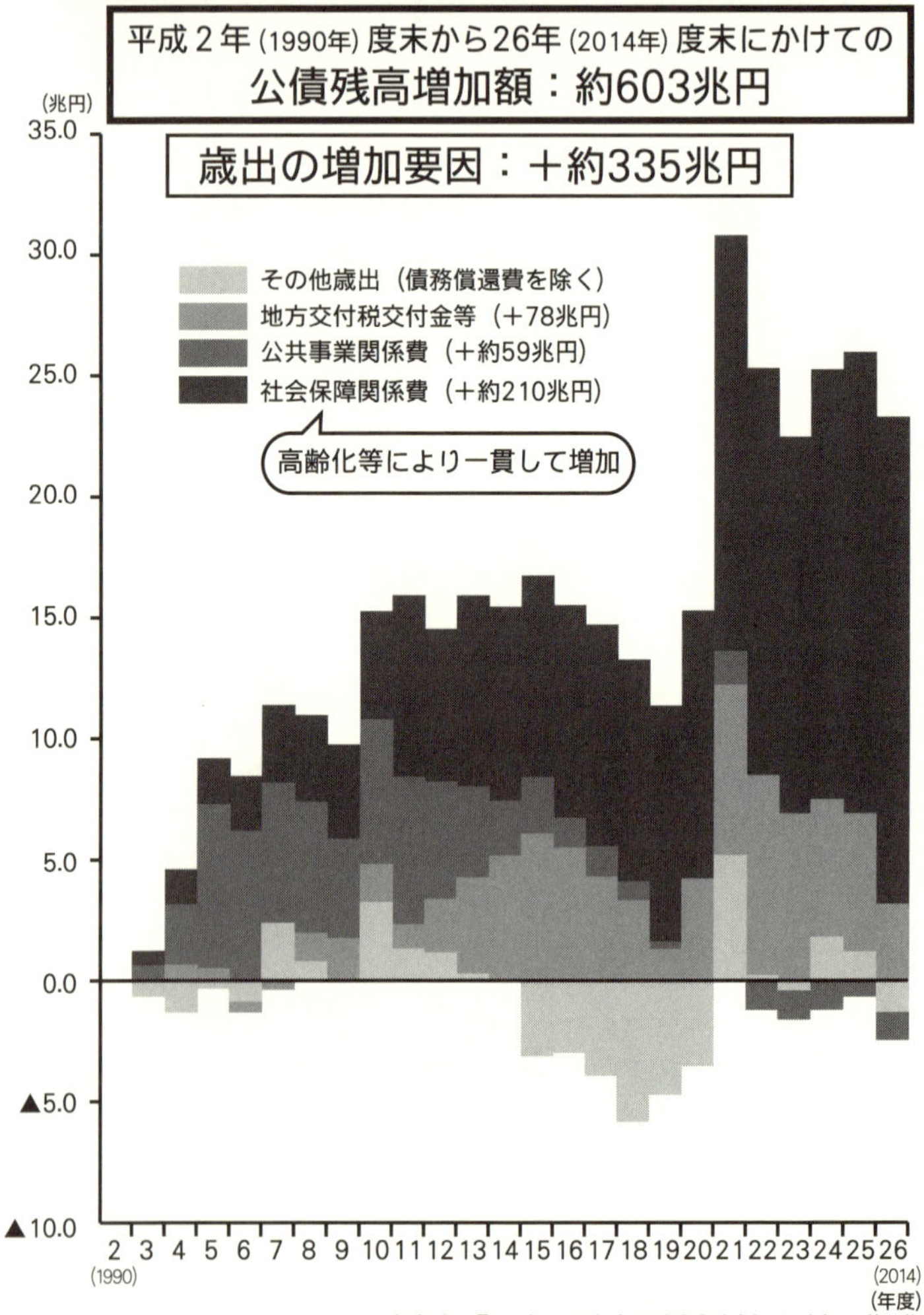

財務省「日本の財政関係資料」を基に作成

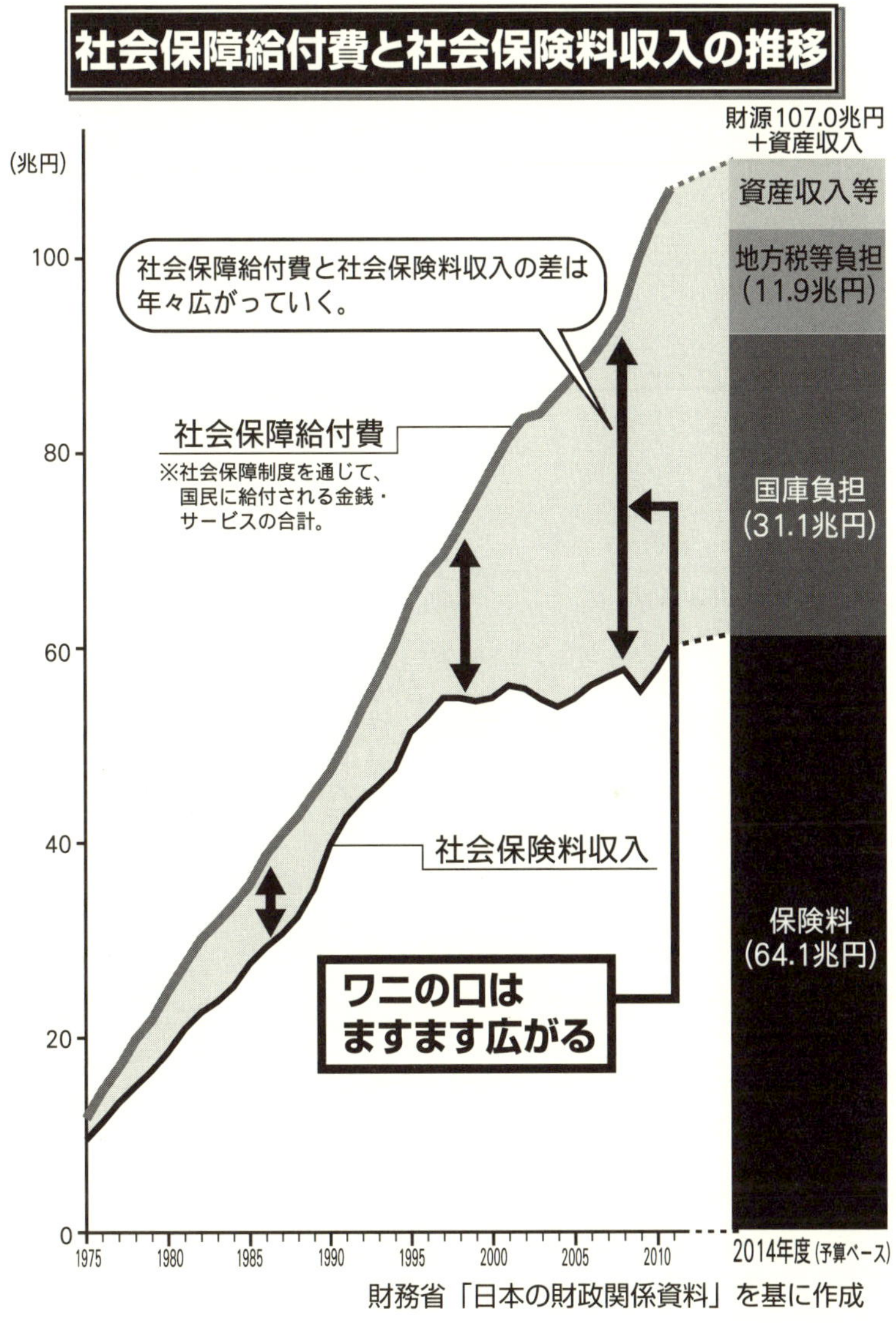
社会保障給付費と社会保険料収入の推移
財源107.0兆円
＋資産収入
(兆円)
100
80
60
40
20
0
資産収入等
地方税等負担
(11.9兆円)
国庫負担
(31.1兆円)
保険料
(64.1兆円)
社会保障給付費と社会保険料収入の差は
年々広がっていく。
社会保障給付費
※社会保障制度を通じて、
国民に給付される金銭・
サービスの合計。
社会保険料収入
ワニの口は
ますます広がる
1975
1980
1985
1990
1995
2000
2005
2010
2014年度(予算ベース)
財務省「日本の財政関係資料」を基に作成

したがって、理念としては「国税負担」であっても現実にはその差額を埋めてきたのは借金である。まさか「借金負担」とは書けないから「国庫負担」と改めたのである。つまり、簡単に言うとこういうことだ。高齢化にともなって社会保障給付費は増える。しかし、(票が減るから)国民負担である社会保険料や消費税を増やすことはできない。だから、その差額が借金となって増えていくというわけである。これは構造的なものだから、先に自民党の「X-day プロジェクト報告書」にある通り、確かに「わが国の将来を危うくしている」のだ。

「ポピュリズム」と「シルバー民主主義」で堕落する日本の政治

さて、もう一度その報告書に戻ろう。報告書は「政策対応の基本的な考え方」の「(1) 財政政策」として次のように指摘する。「歳出面においては、主要な歳出分野である社会保障・地方向け歳出についても、市場の信認確保のためには、思い切った見直しが必要不可欠である。一方、歳入面においても、消費税を含め、あらゆる税目について増税を検討せざるを得ない」――こういった報告書の政策提言に対し、財政学が専門である法政大学准教授の小黒一正氏は、読み手が思わず「ニヤリ」としてしまうような次のような指摘をする――「現政権与党が野党だった二〇一一年当時に考えられていた『X-day』のシナリオのうち、ここに引いた政策は専門家の目から見ても、おおむね妥当だといえる。しかし、まだ問題が起こる前に、野党の立場で冷静な思考ができていたとしても、いざ厳しい局面に立たされた時、つねに政権当事者が正しい判断をし、適切な策を断行できるかといえば、それはわからない」。平たく言うと、「（無責任な）野党時代には冷静に妥当な政策を主張できる。しかし、政権与党になったら、それは難しいんじゃないの？」というわけだ。

事実、そうなった。野党時代の自民党は、社会保障関係費増に危機感を示し、「消費税を含む税制抜本改革の実施が一刻を争う喫緊の課題」とまで訴えた。お金を使う方の歳出面でも「思い切った見直しが必要不可欠」と断じた。ところが二〇一四年一一月一八日、安倍晋三首相は消費税再増税の一年半延期を正式に決め、衆院解散・総選挙に打って出た。その前にわざわざ五回にわたって消費税再増税の是非を判断するための有識者点検会合を開き、出席した有識者の七割以上が消費税再増税に賛成していたにもかかわらずである。多くの有識者は、野党時代の自民党と同様、わが国の社会保障と財政の将来のために消費再増税は待ったなしの「喫緊の課題」だと考えていたのである。しかし安倍首相は、目先の選挙に勝つことを選択した。首相は会見で「国民生活にとって重い決断（消費税再増税延期）をする以上、速やかに国民の信を問うべきだ」と語ったが、この選挙が滑稽だったのは一〇％への消費税再増税の延期の是非を問うことがメインの争点であったはずなのに、再増税延期に反対する政党が与野党を問わず一つも現れなかったことだ。与野党とも子育て支援策など社会保障の充実は訴えたが、財源をどうするかといった点はあいまいにしたままだった。

要は、ウマい話だけするわけである。自民党は待機児童の解消など「子ども・子育て支援新制度」は来年四月から予定通り実施するとしたが、元々は消費再増税分を当て込んでいた、約七〇〇〇億円かかるその財源をどうするかの説明には口をつぐんだ。年金に関しても「若者も安心できる制度」と漠然と述べるだけであった。それでも自民党は消費税率一〇％への引き上げに関しては二〇一七年四月と明示したが、一方の野党・民主党はそれすら明示せず、相も変わらず「人への投資」を訴え、巨額な財源が必要なことから三党協議で退けられた最低保障年金をまたしても公約に掲げた。その財源についてはなんと述べたか？　海江田万里代表曰く「検討している」――与野党を問わず、目先の票のために〝国の将来を売っている〟と言っても過言ではない。

こういう民主主義を「ポピュリズム」（大衆迎合主義）と言うか、「シルバー民主主義」（老齢者が力を発揮する民主主義）と言うか。いずれにしても、国の行く末を危うくすることは間違いない。

消費税率は三〇％台にしなければならない

かくして国民負担を増やす政策は先送りされ続けるのであるが、では消費税率は何%くらいにすれば、年金・医療・介護といった社会保障制度は維持できるのであろうか？　これについても私はすでに著書の中で明確に述べているが、本書でも改めてはっきりお伝えしよう。それは、三〇%台である。初めてお読みになった方は目を疑うのではないかと思うが、いい加減なことを言っているのではない。

一〇三ページのグラフで確認したように、二〇一四年度現在、おおよそ国が三一兆円、地方が一二兆円、合計四三兆円「負担」することになっている。これを本当に消費税でまかなうとしたらどうなるか。消費税収は一%につき約二・五兆円だ。国と地方の「負担」合計四三兆円を二・五兆円で割ると消費税約一七%でまかなえる計算になる。しかし、これは今段階での話だ。これから団塊の世代はどんどん高齢化していき、彼らが七五歳以上の後期高齢者になるのは大体一〇年後だ。社会保障給付費はこれから一〇数年、加速度的に増大していくのは間違いない。厚生労働省は、二〇二五年度の社会保障給付費を約一五〇兆円と推計している。一方で、ほぼ六〇兆円で頭打ちになっている保険料収入の方は、今後現役世代は減っていくから伸びることは極めて考えにくい（厚生労働省は二〇二五年度の社会保険料収入を約八五兆円と推計しているが、本当にそんなことになれば減っていく現役世代の負担と疲弊は大変なことになる）。仮に、この十数年のトレンドから考えて保険料収入が六〇兆円で増えないとすると、一五〇兆円－六〇兆円＝九〇兆円分を消費税でまかなわなくてはならなくなる。九〇兆円を先程の二・五兆円で割ると、三六％！　消費税率三〇％台というのは、決して荒唐無稽の話ではないのだ。

そもそも、私に限らず、まともに日本の社会保障制度や財政について考える専門家の多くは、そのように指摘しているのだ。先ほども触れた法政大学準教授の小黒一正氏は慶応義塾大学の小林慶一郎教授との共著『日本破綻を防ぐ２つのプラン』（日本経済新聞出版社刊）の中で、二〇五〇年頃の消費税率を約三一％と推計しているし、社会保障が専門である鈴木亘学習院大学教授も、「このまま社会保障制度を抜本的に変えずに、消費税で国費分を賄ってゆくとすれば、消費税は最終的に三〇％台になることはほぼ確実である」と訴えている。

しかし、三〇％台で驚いていてはいけない。日本経済新聞に、一般読者にはやや難解な、「経済教室」というコーナーがある。毎回三〇〇〇字くらいのかなりのボリュームで、経済各方面の専門家の論文を掲載している。二〇一三年一二月一一日の「経済教室」に論文を寄稿したのは、かつて東大教授を務めたこともあるアトランタ連銀上級政策顧問のR・アントン・ブラウン氏。その論文のタイトルは目を疑うものだった。「財政は持続可能か　消費税率、53％の可能性も」。三〇％台どころか五〇％台（！）の可能性に言及しているのである。

これが売らんがための週刊誌の見出しなら、受け流してしまえばよいが、そうではない。消費税率五三％を主張するブラウン氏のこの論文の要旨はこうだ。

給付を変えないとすれば、高齢者増に見合うだけ消費税率を引き上げるしかない。そのためにはまず、消費税増税を前倒しする必要がある。、たとえば二〇一六年から一八年の間に消費税率を一六％に引き上げる必要がある。ただし、これで終わりではない。政府債務の水準を安定させるためには、二〇二六年から二〇七七年の間に消費税率を最高五三％にまで徐々に引き上げる必要がある。

東大教授も務めたR・アントン・ブラウン氏は、こう主張しているのだ。

しかし、前述したように「ポピュリズム」（大衆迎合主義）と「シルバー民主主義」（老齢者が力を発揮する民主主義）が政治を動かしている現代。政治の世界では五〇％台はもちろんのこと、消費税三〇％台の可能性に言及することすらできないであろう。焼け石に水の一〇％への増税すら「景気に悪影響」とかなんとか言って先送りするのだから。

つまり、大増税はできない可能性が高い。ではどうなるのか？　財政破たんである。はっきり断言しておく。日本は必ず財政破たんする。では、どのような形で破たんするのか？　これを明確に予測することは神様でない限り不可能だが、大きな経済予測は的中させてきた私は、〝ハイパーインフレ〟となる可能性が高いだろうと考えている。その考えは、あるシンポジウムの中身を聞いてほぼ確信に変わった。

二〇一五年二月、ある独立系シンクタンクが主催の、「日本の財政、本当はどうなのか」というテーマでシンポジウムが開催された。登壇した討論者はいずれも財政・金融のプロ中のプロの学者たちである。そのシンポジウムでは、様々な観点から議論が進み、そして「国家破産とはどういう状況を言うのか。国家破産したら何が起こるのか」という話になった。その時Ｉという著名な学者（慶応義塾大学の教授である）はこう主張した。「国家破産なんだから、国がまともに支払いができなくなる。公務員給与遅配。公共事業の代金も期日通りに払えなくなる。公的年金も期日通りに払えなくなる」。それに対して、財務官僚出身の新進気鋭の学者はこう反論した。「公務員給与はわかる。しかし、公的年金は国民の権利だから、支払わないというわけにはいかない。私は行政にいた人間だからわかる」。

読者のみなさんはどう感じられただろうか。私は、後者の意見に首肯した。そもそも繰り返しになるが、大衆の顔色をうかがう政治である。年金をきちんと支払わないなんていう選択肢は絶対に取り得ない。そんなことをしたら、さすがに日本でも暴動が起きるだろう。年金は何が何でも払うことは払う。お金を刷ってでも……。そう！　お金を刷って年金を払うのだ。そうすれば、政府は国民の年金受給権を踏みにじることはない。形式的には。しかし、そんなことをすれば、お金の価値が薄まるだけ――つまり、悪性インフレは必至だ。ハイパーインフレ（三年で一〇〇％以上）だって覚悟しておく必要があるだろう。しかし、借金による自転車操業も限界に達してしまった時点での話だから、もうやり方は刷って配るしかない（このように、あたかもヘリコプターから現金をばらまくように中央銀行あるいは政府が大量の貨幣を市中に供給する政策を「ヘリコプター・マネー」と言う）。

かくして、現実的な予想として「ヘリコプター・マネー」「ハイパーインフレ」が導き出されるわけである。

世界最初の紙幣も乱発で紙クズに

歴史上、ハイパーインフレは何度も何度も起きてきた。なぜか？　それがもっとも安易な財政難の解決法だからである。

世界で最初の本格的な紙幣は、一〇世紀の中国（北宋時代）で作られた「交子」だと言われている。内陸の四川で発行されたこの世界初の紙幣においても、紙幣乱発による悪性インフレは発生している。当時、中国で広く流通していたのは銅銭であったが、銅の産出が少ない四川では鉄銭を使用していた。しかし鉄銭は重く、高額の取引には向かない。そこで金融業者は商人から鉄銭を預かり、引換券として紙幣を発行したのだ。北宋政府は商人からこの権利をとり上げ、紙幣「交子」を発行するようになった。最初は政府が保有する銅銭を準備金（担保）として、発行額には上限が定められていた。しかし、とかく人間は財源を顧みずお金を使いたがるもの。北宋政府もその例にもれず、戦争や公共事業、宮廷の浪費にどんどんお金を使うようになり、それを賄うため上限を超えて紙幣を乱発していった。

こうして、世界最初の紙幣で乱発による通貨価値の下落――すなわちインフレが起こったのだ。北宋の「交子」、南宋の「会子」、元の「交鈔」、すべて同じ経緯で紙クズになり「インフレ→農民暴動→王朝崩壊」という経過をたどった。

「元の初代皇帝フビライ・ハーンは、最高の錬金術師だ」――一三世紀に中国を訪ねたマルコ・ポーロは『東方見聞録』の中でこのように記していたそうだが、誰もがおわかりの通り本物の錬金術師など存在しない。確かに、刷れば刷っただけ紙幣は増える。しかし、刷れば刷るほど紙幣の価値はなくなっていくのだ。

現代でもハイパーインフレは起こっている――①ジンバブエ

インフレによって通貨が紙クズとなる――これは歴史上の話に過ぎないのであろうか。いや、そうではない。第一次世界大戦後のドイツのハイパーインフレは有名だが、この二一世紀においてもとんでもないハイパーインフレが発生しているのだ。

ジンバブエ――このアフリカの小国で起こったことは、いまだに「インフレ率二％がいつになったら達成できるか」を論じているわが国においては、想像を絶するものがある。二〇〇九年一月、この国のインフレ率は非公式ながら年率六・五×一〇の一〇八乗であると報じられた。この数字は、二四・七時間ごとに物価が二倍になっているインフレ率である。つまり、毎日物価が二倍に上がっていくのだ。翌日は二倍、翌々日は四倍、三日後には八倍、一週間後には一二八倍……これで計算していくと、一ヵ月後にはなんと一〇億倍を超える。想像を絶するすさまじいインフレ率だ。

徹底的な現場主義の私は、かつてこのハイパーインフレの実情を取材すべく、ジンバブエの至るところで聞き取り調査を行なった。その結果判明した現代のハイパーインフレの実相は、私たちの国・日本の今後を考える上でも極めて参考になるものであった。彼らは、どのような職業の人でも、どのような年齢の人でも、同じ言葉を口にした。「最初はまったく気付かなかった」――いつ頃からハイパーインフレに陥ったかという質問に対して「確か、あの頃から……」とは話すものの、具体的な年月日を答えられる人は一人もいなかったのだ。よくわからないうちにいつの間にかインフレが進行し、気付いた時にはハイパーインフレになっていたというのだ。日々の自分の生活に専心し、国の動きになどあまり関心を持たなかった大半のジンバブエ国民には、「近いうちにハイパーインフレになるぞ！」というようなことはわからなかったのである（私たちはやはり、有益な経済情報を入手することにもっと真剣でなければならない）。

　電気屋の男性は、こう表現した。「二〇〇六年の後半から通貨の価値が〝滝のように〟落ちていった。そしてその後はずっと雨が降り続くのだけれども、どこに行っても傘がないというような感じだった」という。カバー仕立て業の男性は「訳のわからないうちにジンバブエドルの価値が急落していく中で、南アフリカから材料を輸入できなくなってしまった」そうだ。こうして通貨価値の急激な下落は、現地の人たちの実際の生活を混乱のるつぼへ陥れていった。

　その頃になると政府の資金も枯渇し始め、インフラを維持できなくなっていった。もともとジンバブエは、アフリカの中では南アフリカに次ぐ進んだインフラを持っていた。水道が壊れてもすぐに修理できていたし、停電してもすぐに復旧されていた。それが水道が出なくなり、停電が頻発するようになり、電話も繋がらなくなっていった。水道が出なくなり、電気が通じなくなっても、なかなか直らない。最初は遅延だった。しかしそれが三日経っても直しに来なくなり、五日経っても……。そしてついに、壊れたままになってしまった。政府が修理するための部品を調達できなくなってしまったのである。首都ハラレはゴミ一つ落ちていないキレイな街だったそうだが、次第にごみの収集や清掃ができなくなり、あちこちでゴミが散乱するようになった。道路に空いた穴なども修理できなくなり、舗装されていた道路はボロボロになっていった。

ここで少しだけ話をわが国に戻すが、今後の日本ではこのジンバブエよりもっとトンデモナイ事態が予想される。二〇一二年一二月、九名の死者を出した中央自動車道「笹子トンネル」崩落事故。これはトンネル完成から三五年後の事故であったが、今後日本は高度成長期に造った公共インフラの更新が本格化する。公共政策が専門で国土審議会委員なども務める東洋大学教授・根本祐二氏によれば、今後の日本では今あるインフラを単純に更新するだけでも、毎年八・一兆円の投資を五〇年間続けなければならない。しかも、更新したインフラも五〇年経てば再度更新しなければならなくなる。つまり、八・一兆円の更新投資は未来永劫続けなければならない。しかし、二〇一四年度予算では一般会計・特別会計合わせても、公共事業関係費は七・一兆円しかないし、もちろん今後も増やせる余裕などない。つまり高度成長期に造りまくった日本のインフラは、今後朽ちていくしかないのだ。ということは……怖ろしい話だが「笹子トンネル」のような事故が、これから日本の至るところで、多発せざるを得ないのである。

話をジンバブエに戻そう。二〇〇八年初頭からは「一〇〇〇万ジンバブエドル」というような単位のお札が出てくるようになり（最終的には「一〇〇兆ジンバブエドル」札まで発行された）、ハイパーインフレでは〝お決まり〟である銀行口座の引き出し制限が敷かれた。二〇〇三年頃から一部では制限が掛けられていたのだが、ハイパーインフレに突入してからは、どこの銀行に行ってもほとんどお金を下ろせなくなってしまった。最悪期には物価が一ヵ月で一〇億倍、お金の価値から言えば一ヵ月で一〇億分の一になってしまうわけだから、銀行業務など成り立ちようがなくなってしまったのだ。

〝目先しか見ない愚かな政策〟がハイパーインフレを引き起こす

では、ジンバブエはなぜこのようなことになってしまったのか。一言でいえば、それは〝目先しか見ない愚かな政策〟ということに尽きる。インフレの元になるのは、まず第一にモノ不足だ。ジンバブエは〝目先しか見ない愚かな政策〟によって、それを招いてしまったのだ。

ジンバブエは一九八〇年代から黒人大統領であるロバート・ムガベの独裁政権下にあったが、当初は黒人と白人の融和政策を進め国際的にも歓迎されていた。その頃のジンバブエは農業、鉱業、工業のバランスの取れた経済を有する国家であった。白人大規模農家による非常に効率的な農業が行なわれており、外貨収入の半数を農産物の輸出で得ている農業国として、ヨーロッパから「アフリカの穀物庫」と呼ばれていたほどであった。しかし、このバランスのとれた経済構造を支えていたのは、旧植民地にお決まりの低賃金で過酷な労働使役についていた黒人たちであった。対外的にはバランスのとれた経済の一方で、黒人たちは貧困に喘ぎ続ける状況にあり、また国土の九〇%以上を所有していた白人農場主には欧米の本国に住みながらの不在地主も多かった。当然、黒人の中には不平・不満が鬱積していた。

そこでムガベは、二一世紀に入る前後から反白人政策を鮮明にしていく。二〇〇〇年八月から白人所有大農場の強制収用を政策として実行していった。「略奪者である白人から、元々の住人である黒人へ」――理念においては、これは正当化されよう。しかし政策は現実的な裏付けを持たなければ、結果としてトンデモナイ悲劇を招く。ムガベの政策を受け、黒人は立ちあがった。黒人の集団がクワなどを持って、白人の家に押しかけ、「白人は、帰れ、帰れ！」と叫んだ。その希望は叶った。白人たちが所有していた土地は強制収容されるか、地元民との交渉によって自主的に返還され、白人の地主たちの大半は国外に逃げ帰って行った。

問題はここからである。黒人たちは土地は取り返した。しかし、彼らは小作としての農作業は知っていても、大規模な農業経営のノウハウについては知らなかったのである。そのため、これ以降ジンバブエの農業生産性は大きく低下し、食糧が不足するようになっていく。これが〝目先しか見ない愚かな政策〟のはじめの一歩であった。

〝目先しか見ない愚かな政策〟の第二段・第三段は、二〇〇七年に制定された二つの悪法である。一つは外資系企業の株式強制譲渡法。政府は黒人優遇政策の一環として、すべての外資系企業に株式の五一％をジンバブエの黒人に譲渡することを義務付ける法律を制定した。外資系企業にしてみれば、これは理不尽に経営権を奪われるということである。そんなことを一方的に決定されては、たまったものではない。外資系企業は一斉に撤退した。その結果起こったことは、生産・流通の激減が招くさらなる物不足の深刻化とインフレの昂進。そして雇用の激減という経済と社会の大混乱であった。

この年制定されたもう一つの悪法は、「価格統制令」である。その内容は「すべての製品・サービスの価格を強制的に半額にする」というものであった。「企業（メーカー、小売店）は今までの半額で売れ」というのである。これでインフレが解決すれば、こんなたやすい話はない。しかし、現実にはこんな稚拙な政策が有効であるはずがない。この政策によってもたらされたのは、さらなるインフレの進行であった。販売価格半額ということは、企業サイドからすれば売上半減である。大赤字、それが続くのなら営業などやってはいられない。最初、企業は様子見を決め込んでいたが、価格統制令に反して逮捕された者が出たというニュースが流れたあと、一斉に行動を取った。商品を売るのを止めてしまったのである。この時から、ジンバブエのスーパーなど小売店の棚はガラガラになってしまった。統制は在庫にもおよんだ。多くの店が商品を売らずに倉庫に保管したままだったのだが、そのような商品の保管も違法であり、違反したものは逮捕するというのだ。これでは企業は、製品を製造したり仕入れたりすることもできない。結果、倒産企業が続出し、物不足と溢れる失業者には さらに拍車がかかったのである。

このような企業の撤退・倒産により失業率は九〇％を超えるまでになったと

いい、その一方で企業倒産によって税収は激減。政府は労働者対策など様々な手を打たねばならないけれども、そのためのお金がない……。そこで、ジンバブエ政府は最後の禁じ手に手を染めてしまった。マネーの増発である。政府が必要な費用分を刷って払うのだから、刷れば刷るほどお札の価値は薄れていく、価値はなくなっていく。二〇〇六年頃は「一〇万ジンバブエドル」が最高紙幣だったが、先に述べたように、二〇〇八年初頭には「一〇〇〇万ジンバブエドル」札が発行され、同年五月五日になると「二億五千万ジンバブエドル」、わずか一〇日後の五月一五日になると「五億ジンバブエドル」札が発行された。すさまじい勢いの通貨価値の下落である。最終的に前述の「一〇〇兆ジンバブエドル」札が発行されたのは、翌二〇〇九年の一月であった。

先に述べた一〇〇〇年前の中国で起こったこと――政府支出の増大→紙幣乱発→紙クズ化・インフレ――と同じことが、二一世紀の今日においても起こったのである。人間は、財源を顧みずについお金を浪費してしまいがちである。

しかし個人であれば、手持ちのお金がなくなり、さらにお金を借りることもできなくなれば、それで終わりである。しかし、国家の場合は違う。追い詰められれば、お金を刷ることができる。それが国家の特権だ。だから、ついそれに手を染めてしまうのである。

そうは言っても、そういうことになってしまうのは、古代の国家か現代であれば未開のアフリカあたりではないかと思うかもしれない。現代の先進国ではあり得ないだろうと。しかし、私はそのような楽観は戒めねばならないと思っている。本項で述べたように、ジンバブエのハイパーインフレを起こしたのは、〝目先しか見ない愚かな政策〟なのである。前述したような今の日本の政治状況は明らかに〝目先しか見ない愚かな政策〟が止まらないではないか。

現代でもハイパーインフレは起こっている――②ロシア

現代のハイパーインフレはもっと有名な大国でも発生している。ロシアである。ソ連崩壊直後の一九九二年、ロシアの消費者物価は一年間で二六倍になった。当時のロシア経済の惨状について、『週刊エコノミスト』一九九三年四月一三日号に、ロシア東欧貿易会常務理事・ロシア東欧経済研究所副所長であった小川和男氏がリアルに伝えているので、そこから要約させて頂くと、「ロシアの一九九二年の経済実績は、まずＧＤＰが対前年比一九％減、工業生産は一八・八％減、さらに投資は四五％減、小売り商品売上高は三九％減とまさに惨憺たる状況」であったという。しかし、この程度で驚いていてはいけない。「消費者物価は一年間で二六倍となり、賃金も一〇倍にはなったが、インフレ率とのかい離はあまりに大きく、国民の生活水準は劇的に低下した。こうして国民生活が窮乏を極める一方で、一部の企業は言わば〝便乗値上げ〟により莫大な利益をむさぼり、輸出で獲得した外貨を海外に不法蓄積した。国民の勤労意欲は当然著しく低下し、経済犯罪が横行。二極分化が一気に進行した」という。

ハイパーインフレなど当時のロシアの惨憺たる経済状況の一端は、伝わったのではないかと思う。少し簡単に解説を加えよう。ソ連時代は、すべての価格を国で決めていた。当然、非効率な価格設定になり、生産の効率性も上がらない。そこで社会主義国・ソ連の崩壊にともなって、価格自由化・民営化に踏み切った。しかし、この急激な民営化移行の過程において、国営企業株の多くが政界と密接な関わりを持つ少数の資本家・新興財閥（オリガルヒ）の手に渡ったのだ。そして彼らだけが利をむさぼり、巨億の富を築き、それを海外に不法に貯め込むようになったのである。この極端な二極分化を前にして、一般国民は勤労意欲を喪失し、経済犯罪が横行するようになった――これが当時のロシアの姿だったのである。

実際は二年で物価は一万倍に⁉

その実態をより詳細にまた実感として把握すべく、私は何度もロシアを訪ね、取材を重ねた。すると、このような経済誌の記事が伝える話を超えて、現実はさらに想像を絶するものであることがわかった。まず、インフレ率である。サンクトペテルブルグの国立総合大学で経済学を教えているロシア人への取材でわかったことだが、一年間で物価が二六倍というのは大変なハイパーインフレであるが、これはあくまで公式発表の数字であり、実際のインフレはこれよりはるかにひどかったのだ。「実態はどうだったのか？」と尋ねると、彼は衝撃的な事実を淡々と語ってくれた。「九一年には五〇〇〇ルーブルで自動車が買えたところが、二年後の九三年には五〇〇〇ルーブルではチョコレートしか買えなかった」。仮に自動車を一〇〇万円、チョコレートを一〇〇円として計算すると、物価はわずか二年の間になんと一万倍に暴騰したということだ。

私が、公式発表の数字と実際のインフレ率がなぜこうも乖離しているのか尋ねると、彼は次のように説明してくれた。「理由の一つは、同じ時期でも商品によりインフレ率は異なるため、それらを平均したデータが発表されていることだ。そしてもう一つは、当時のロシア経済は外国からの借金に依存していたことだ。その時にあまりひどいインフレ率を公表してしまうと、国の信用はますます低下し、誰もお金を貸してくれなくなる」。公式発表の数字と言えば聞こえはよいが、それは当時のロシアにとって都合のよい数字。政府が流す情報というのは、そういうものなのだ。

その他、当時のロシアで起こったことを列挙しよう。先に要約した『エコノミスト』誌には「経済犯罪が横行」とあったが、横行したのは経済犯罪だけではなかった。治安は急激に悪化し、強盗、窃盗、殺人などの犯罪が急増した。郊外の一戸建ては危険で住めなかった。ソ連時代は無料であった医療体制も、市場経済への移行で混乱し、将来を絶望した年金生活者などの自殺者も増加し、死亡率は急上昇する一方、出生率の低下が起きた。また、激しい社会変化に付いていくことができず、強い心理的なストレスからロシアの国民酒ウォッカをあおり、アルコール中毒や循環器系の病気になる人が増えた。男性の平均寿命は一九九三年に六〇歳を割り込み、一九九四年には五七・六歳となった。当然、人口は減った。ソ連崩壊直後の一九九二年の一億四八七〇万人をピークに減少をはじめ、相当数の移民があったにもかかわらず減少は続いた。

もう一度、生活レベルの話に戻ろう。国家が破産したために安定していたはずの公務員の生活は暗転、厳しくなった。給料は満足に出なくなったし、公務員の中でも失職する者も少なくなかった。失職を免れても、紙キレ同然の価値しかなくなったルーブルによるわずかな給料で生活せざるを得なくなった。彼らの生活水準は、ほとんど乞食同然という状態まで落ち込んだ。悲惨なのはもちろん公務員に限らない。年老いた人たちが、マイナス一〇度以下の寒空の下で、靴下などの不用品を手にぶらさげて売っていた。

インフレとは、物価の上昇でお金の価値がなくなることだから、実物を持っていた人はよかったかと言うと、そう単純ではなかった。たとえば不動産。「収入はなくなった。モノがない。欲しい」と思って不動産を売ろうとする。しかし、不動産という代物はそう簡単に売れるものではない。急いで売ろうとすれば、当然足下を見られ、信じられないような安値になってしまう。では、金《きん》はどうか？　金はインフレに強く、しかも不動産と違って換金性にも優れているのではないか。しかし、私はロシアで多くの市民に聞いてみたが、誰に聞いても答えは決まっていた——「金は使えなかった」。その理由は、ニセモノが出回ったことだ。「金メッキ」とか「メッキがはがれる」という言葉があるが、確かにそれくらいのことは誰もが考えるだろう。仮にメッキでないにしても、金の含有量なんて専門の組織でなければわかりようがない。

では、有効だったのは何か？　外貨＝ドルである。人々は自国通貨であるルーブルなど欲しがらず、誰もが米ドルを求めた。ドルを持つ一部の人間だけが強かったのだ（補足説明すれば、これはロシアに限ったことではない。過去に起きた国家債務危機を、一八〇〇年以降を中心とする膨大な長期データ（場合によっては一四〇〇年代も含めて）を収集し分析した大著『国家は破綻する』（カーメン・M・ラインハート、ケネス・S・ロゴフ著　日経BP社）。この本の中でも、高インフレが続いた国では、（取引手段、価値の表示手段、価値の保存手段として）いわゆる「ドル化」現象が起きることがよくあると指摘している。ちなみに、「ドル化」という日本語表現の元は「ダラライゼーション」（dollarization）という英語であり、「ドル化」は経済危機時における国際常識なのだ）。

ロシアのハイパーインフレの話の最後に、ソ連崩壊から一九九三年頃において、ソ連およびロシアがいかにメチャクチャな経済・財政政策を採っていたかを見ていこう。まずは、ソ連末期である。大阪経済大学元学長の上島武氏が二〇〇三年九月、「ソ連はなぜ崩壊したか？」という演題で講演を行なっているが、その中から財政に関する驚くべき話を引用しよう。

ゴルバチョフが大統領に就任した時、ビックリしたことがたくさんあるんです。一つは、こんなにソ連の国家財政が赤字だとは知らなかった、と。統計上は全部黒字になっているんです。赤字の原因が軍拡競争であり、もう一つが補助金ですね。労働生産性の低さと計画経済の失敗で国有企業は赤字です。とくに農業部門は赤字です。これに対する財政補填がものすごかった。

「ソ連はなぜ崩壊したか？」上島武二〇〇三年九月講演より

ソ連末期、財政が赤字だったことを、ゴルバチョフが国家の最高指導者に

なった時は知らなかったというのだ。このメチャクチャさは、ソ連崩壊後も変わらない。一九九三年二月四日付の中日新聞によれば、新生ロシアの経済も政府首脳も、同じくメチャクチャであった。

当時のロシアのチェルノムイジン首相は、最高会議で「危機脱出計画」について報告した中で、経済改革の最重点三大課題を①インフレ抑制、②財政再建、③ルーブル安定化としていた。一九九二年のインフレ率はなんと二六〇〇％、年明け後の九三年にはさらに加速し、チュバイス副首相によれば一月だけで五五－六〇％だったという。これは、一ヵ月ごとに物価が二倍になる状態で、まさに「ハイパーインフレ」である。

それに対する政策はまったく効果を発揮できていなかった。九二年、中央銀行は企業間の不良債権を相殺するために兆ルーブル単位の融資をしたが、そのうち本来の目的に使用されたのはわずか二〇％。残りは従業員の給与支払い、そして〝ドル買い〟に消え、それがインフレとルーブル下落につながったという。

財政再建に関しては、バルチュク財政相が最高会議において、九二年の報告をし、九三年の財政赤字は二兆二五八〇億ルーブル、対GDP比で五・一五%になる見込みと発表した。しかしこの数字は、赤字の穴埋めに西側からの財政支援を充当することを当て込んだもので、それを見込まない場合、財政赤字は倍以上になる計算であった。しかも、同財政相が公表したのはあくまで九三年単年の赤字分だけで、累積赤字の額は明らかにしなかったのだ。

このロシアの例で注目すべき点は二つある。まず、企業向けにお金を垂れ流しているが、それが本来の目的に使われたのはわずか二割だったことだ。「残りは従業員の給与支払いやドル買いに消えた」と言うが、すでに見たように確かに一年間で賃金は一〇倍になったが物価は二六倍になったのだから、実際は圧倒的多くの額が「ドル買い」に消えたということである。

注目すべき二点目は、財政省当局が累積赤字の額を明らかにしていなかったということだ。このデタラメさは、ソ連時代の末期とまったく変わらない。この行き当たりばったりの経済政策は、一体何なのであろうか。

ハチャメチャな経済政策が、財政破たん・ハイパーインフレを招く。それは、このソ連・ロシアの例でも明らかなのである。

九六〇〇〇〇〇垓％!!——世界最悪のハイパーインフレ

ハイパーインフレの話の締め括りは、文字通りの〝ギネスもの〟だ。東京日本橋にある日本銀行の貨幣博物館には、古代から現代にかけての様々な貨幣・紙幣が展示されているが、その中になかなか興味深い海外の紙幣がある。第二次世界大戦が終わった翌年、一九四六年にハンガリーで印刷された紙幣だ。一〇〇垓紙幣。ギネスブックにも登録されている世界最高額の紙幣だ。垓という単位は、兆、京の上の単位で、一〇〇垓を算用数字で書くと〇が二二個も並ぶ。

一九四六年のハンガリーのインフレ率は、九六〇〇〇〇〇垓％に達したという。この二〇桁以上のハイパーインフレは、一九四六年前半のわずか半年の間に起きた。それまでもインフレではあったが、このような制御不能な状態ではなかった。なぜ、二〇世紀の時代にこのようなあまりにも異常なハイパーインフレが起こったのか。当時のハンガリーの状況を見ていこう。

ハンガリー（王国）は、第二次世界大戦ではナチス・ドイツからの圧迫を受けて、敗戦までドイツと共に枢軸国側の一員として戦った。しかしその一方で、特に大戦末期になるとソ連軍の侵攻を受け、一九四四年から四五年にかけての「ブダペスト包囲戦」では、首都ブダペストは独ソが衝突する修羅場と化し、街は壊滅的な被害を受けた。国内政治的には、親独派政権・国民統一政府に対し、ソ連軍の占領下では四四年にハンガリー国民臨時政府が樹立されていた。一九四五年二月一四日にブダペストはソ連軍に制圧され、翌四六年二月一日には王制は廃止。ハンガリー共和国（第二共和国）が成立する。この頃、共産党はまだ決して多数派ではなかったが、新政権で内務大臣ポストを手中にし「ハンガリー国家警察・国家保衛部」を設立。ソ連軍の背景に加えて警察を押さえて一挙にハンガリーを共産化して行くのである。史上最悪のハイパーインフレは、この過程で起こったのだ。

当時の物価上昇のすさまじさを示す一例を挙げよう。四五年五月一日に一ペンゲーだった郵便料金は、七月一日には三ペンゲーになった。年が明けた四六年一月には六〇〇ペンゲー。ここからの上昇がすさまじい。四六年三月に二万ペンゲー、五月に二〇〇〇万ペンゲー、七月には四〇兆ペンゲーになったそうだ。物価が二倍になるのにかかる時間は、一ヵ月、一週間、三日とどんどん短くなっていった。当時を知るハンガリー人によると、一日で物価が二倍になる状況でも市場では紙幣が流通しており、現金を入手したものはみんな、すぐに使ったという。

日本がハイパーインフレに向かう条件はそろった

こうして見ると、世界最悪と言われるハンガリーのハイパーインフレも、ジンバブエやロシアと同じように、政治の大混乱が背景にあったことがわかる。政治が単なる権力闘争の場と化し、まともな政策など行なわれる余地がなかったのである。もちろん、それに加えて敗戦による国土の荒廃という要因もあるが、ハンガリーよりはるかに国土が荒廃していた日本はここまでひどくはなかった。やはり、政治がまともに機能しないことがハイパーインフレを引き起こす最大の要因なのである。

今の日本の政治はどうであろうか。単に政権を取るためだけの政治になってはいないだろうか……。

「コンクリートから人へ」――多くの読者がこのキャッチフレーズを覚えていることと思う。二〇〇九年の総選挙で民主党が掲げたものだ。これがウケた。この選挙で民主党は三〇八議席を獲得（自民党は一一九議席）。議席占有率は六四・二%におよび、単一の政党が獲得した議席占有率としては現憲法下で行なわれた選挙としては過去最高という空前絶後の勝利であった。しかし、このキャッチフレーズが実は根本的に誤りだったことは本章で述べた通りだ。当時、もう「コンクリート」にお金など大して使ってはいなかったし、遠くない将来「人」に費やすお金＝社会保障（年金・医療・介護）こそが大問題になることは、

（日本銀行金融研究所貨幣博物館所蔵）

世界最高額の紙幣としてギネスブックにも登録されている、ハンガリーの 1,000,000,000,000,000,000,000（10 垓＝ 10 億兆）ペンゲー札。印刷はされたが、発行はされなかった。
同デザインで色違いの 10 億ペンゲー札がある。10 億ペンゲー札には右上、左上、中央に「B」の表記がない（Bは１兆の意味）。

すでに自明のことであった。にもかかわらず、この甘～いキャッチフレーズがウケてしまったのである。野に下った自民党は、その無責任さを厳しく指弾した。「わが国の将来を危うくしている」と。

しかし、愚かな民主党政権の自滅に救われて政権を奪った自民党は、やはり権力の座にしがみつくために、「国の将来を危うくしている」と自らが訴えたこの財政問題にまともに取り組もうとはしなくなった。それどころか、日銀にひたすら国債を買わせるという前代未聞の異常な政策に走って、実体経済にはほとんど効果は出ていないにもかかわらず「円高が是正された。株も上がった」などと自画自賛しているのだから、どうしようもない。使ったことがない薬を「効果がある！」と言いくるめて処方しているようなものだ。

今、日米欧の先進各国はいずれも金融緩和政策を採っているが、中央銀行がひたすら国債等を買いまくって資産を膨張させているなどというのは、日銀だけである。米ＦＲＢも欧州中央銀行（ＥＣＢ）もそんなメチャクチャなことはやっていない（詳しくは前著『円崩壊』〈第二海援隊刊〉で述べているので、ぜひお読みいただきたい)。このことからも明らかなのは、もはやわが国は経済政策において打つ手がなく、マネーの膨張で目先をちょっと明るくすることくらいしか、打つ手がなくなっているのである。政権を取るためだけの、愚かなキャッチフレーズ、目先の政策、そしてマネーの膨張……ハイパーインフレへ向かう道は確実に整備されている。

第三章　アベノミクス第四の矢は「預金封鎖」か⁉

天井知らずで上がり続けるものなど存在しません。

――ジム・ロジャーズ

非公開の警告

「これから私が話すことはオフレコ（非公開）にしてくれたらと思う」——。

日本の敗戦から七〇年の節目となる二〇一五年の二月一二日、日本銀行の黒田東彦総裁はこう言って話を切り出した。場所は、永田町の首相官邸四階会議室。安倍晋三首相が議長を務める「経済財政諮問会議」が開かれていた時のことである。会議には安倍首相と黒田総裁の他に麻生太郎副総理兼財務相や菅義偉官房長官、榊原定征経団連会長、関係各省の副大臣、そして官僚を含めて大勢の識者が参加していた。経済財政諮問会議は政権の核心人物が日本の経済政策の方向性を決める最高意思決定機関である。

この会議ではほとんど発言をしないことで知られる黒田総裁だが、この日は違った。自ら挙手し、しかもオフレコを断ったうえで発言し始めたのである。参加者の顔色に緊張が走ったことは言うまでもない。

黒田総裁は、そこで何を語ったか？　それは、日本の財政状況に対する重い警告である。公開された議事録には、黒田総裁の発言として「財政健全化を強く希望する」という原則論しか記載されていない。Ａ４用紙にわずか七行、黒田総裁は数秒しか発言しなかったことになっている。しかし、日本経済新聞社など複数のメディアが入手した詳細な議事録によると、この日の黒田総裁はおよそ一〇分間に渡りジェスチャーを交えながら熱弁をふるった。しかも、安倍首相との間で繰り広げた激しい応酬まで記録されている。

この会議の主旨は、端的に言うと「経済成長を優先するか、財政再建を優先するか」であった。序盤、ある民間委員が「基礎的財政収支（＝プライマリーバランス。国債発行など新たな金を借りずに政策実行に必要な経費をどれだけ用意できるかを示す指標）を二〇二〇年までに黒字にするというが、それが重要なのではない。まず経済活性化を通じ税収を増やせば、その結果として自然の黒字になる」と指摘。この発言に対し、すぐさま麻生財務相が「その通りで、財政も重要だが財政健全化を通じてプライマリーバランスを均衡させたとしても、再び景気が悪化すればそれに何の意味があるのか」と口添えした。

　この二人に限らず、アベノミクスを推進している識者のほとんどが〝成長重視派〟であることは広く知られている。この日の参加者も、そのほとんどが成長重視派であった。先の民間委員は、消費増税を先送りしたにも関わらず二〇一五年度のプライマリーバランスの赤字半減という目標を達成できる見通しとなった点を強調。二〇二〇年度のプライマリーバランスの黒字化という目標は堅持するとしながら、それは経済活性化による税収増で達成できると主張した。

　黒田総裁が発言を求めたのは、この時である。黒田氏はまず「みなさんご存知か知らないが、今、日本国債の格付けが下げられた状況で、スイスのバーゼル銀行監督委員会では『日本国債を損失が出ない安全な資産と考えるのはおかしなことではないのか』という議論がなされています」と表明。日本などが規制導入に反対しているバーゼル銀行監督委での合意は困難との見方を示しながらも、「ドイツなどが自国でそうした規制を導入する可能性がある」と指摘。その場合は「アナリストが日本の銀行の国債保有残高や同じルールを適用した場合の資本不足を指摘し始め、それにより邦銀の株が売られ、邦銀は国債の売却を迫られかねない」と警告した。

ここで補足しておくと、黒田総裁が指摘したように現在、主要国の銀行監督当局者で組織されているバーゼル銀行監督委員会では大まかに二つの事案が議論されている。一つは、銀行が保有する資産の価格が金利急騰によって下落した場合に備えて、あらかじめ自己資本を積んでおくという案だ。国債価格が急落（金利が急騰）すると、国債を大量に保有する銀行は莫大な評価損を抱えるばかりか、長期の固定金利で貸し出した住宅ローン債権も「逆ざや」となり経営が悪化する。そのため、ドイツや英国が主導する形で金利が上昇した場合に発生する損失額をその資産の「リスク量」として算出し、それに見合った資本を銀行に上積みさせるという議論が進んでいるのだ。

仮に資本の上積みを義務付ける案が可決されれば、基準を達成するために銀行は国債保有量に準じた大幅な資本増強か資産の圧縮を強いられる。日本に当てはめると、邦銀が自己資本比率を高めるために日本国債を売却する可能性も否定できない。そのため、日本の当局者は規制案に強く反対している。全国銀行協会の平野信行会長（三菱東京ＵＦＪ銀行頭取）は、二〇一五年三月一九日の記者会見で、「金融規制の仕方を間違えると思わぬ結果を招くことになる」と規制案に強く反論した。

一方、事実として邦銀は深刻な金利上昇リスクを抱えている。日銀の試算によれば、金利が一％上昇した場合に発生する邦銀の評価損は五・六兆円に達する見通しだ（二〇一四年六月時点）。すなわち、規制案が仮に否決されたとしても、邦銀は将来的に深刻なリスクに晒される可能性がある。

また、バーゼル委ではこの規制案とは別に、先進国の銀行が自国通貨建ての国債の信用リスクをゼロと見なしている現在のルールを見直すべきかという議論も始まった。もし、自国通貨建ての国債までもが信用リスクを計上すべきということになれば、日本国債を大量に保有する邦銀に甚大な影響がおよぶ。そのため、日本の当局者はこの案にも断固として反対する構えだ。

日銀の黒田総裁は経済財政諮問会議の席上、この件についても触れている。

黒田氏は「現時点では銀行が自国の国債を持ってもリスクゼロとして計算されるが、ドイツ、英国などはリスクを判定して資本を積むべきであると主張している」と指摘。そして、「二〇一四年末のムーディーズ（米格付け大手）による日本国債の格下げに伴い、欧州の一部の銀行が日本国債の購入を控えたり、手放している」と、現実に日本国債が敬遠され始めていると説明。その上で「格付けが良くならないと邦銀でも同様の動きが広がる懸念があり、二〇二〇年度のプライマリーバランスの黒字化にもっと本腰を入れて取り組むべきだ」と主張した。さらには、「このままでは日本国債を売るという議論が出るしかありません。いつまでも日本国債は問題ないだろうという考えは今や通用しないという話です」と、極めて重い警告を述べている。

黒田総裁の熱弁に真っ先に反論したのが、成長重視派である安倍首相だ。安倍首相は黒田氏が日本国債の格付けについて触れた際、「あぁ、だから日銀が格付け会社とよく議論して説得すれば良いことなのではないですか」と反論。財政再建に口出しするのではなく、格付け会社に代表される国際金融機関を説得しろと迫ったのである。しかし、この日の黒田氏は首相の反論にも怯まなかった。黒田総裁は、「それがですね、私が以前に日本国債が不当に格下げされたときにどれだけ格付け会社とやり合ったのかご存知ですか？　いくら議論してもそうしたものはまったく受け入れられません」と反発。財務官を務めていた二〇〇二年頃の経験談を用いて、いかに国際金融機関を説得するのが難しいかを打ち明けた。会議終了後、日経ビジネス・オンライン（二〇一五年三月一三日付）によると安倍首相は周囲に黒田総裁に対する不快感を漏らしたという。財政再建に関して、「官邸と日銀に亀裂が走った」と報じたメディアもある。

もちろん、黒田総裁が首相の心証を害してまで財政健全化の重要性を訴えたのは、日本の債務問題が極めて深刻な状況にあるためだ。黒田総裁が自らオフレコを要求したのは、発言の内容が報じられると市場に悪影響をおよぼす可能性があったからだという。そのため、一連の発言は議事録にも載らず、出席者にも口外せぬよう緘口令が敷かれた。

この会議の四日後（二月一六日）、ＮＨＫは「ニュースウォッチ９」の中で預金封鎖に関する特集を組んでいる。この日から遡ることちょうど六九年前に日本政府が預金封鎖を実施したからだ。火の車となった為政者が国民の財産に手をつけるという事など、現実味のないことのように思われるかもしれないが、歴史を振り返ると〝世の常〟である。いくら為政者と言えども「ない袖は振れない」のだ。

先進国でも過去に財産没収が起きている

「フランクリン・D・ルーズベルトは、米国大統領として、国家非常事態が継続していることを宣言し、金貨、金地金、金証書を、個人、共同、協会、企業によって米国内で保有することを禁止する」——ルーズベルト大統領が発したこの衝撃的な行政命令をご存知だろうか？　多くの方はご存知ないかもしれない。「自由」を標榜する米国で、長期間にわたって金《きん》の保有が禁じられていたことを。この「大統領令6102」は投資家にとって悪名高いものとして今も語り継がれている。「大統領令6102」は、事実上の〝金没収〟であり、金を隠し持った者に「一万ドルの罰金」もしくは「一〇年の禁固刑」、あるいはその両方が科された。

ルーズベルトが大統領に就任したのは、一九三三年三月四日である。その当時の米国は、まさに恐慌の真っ只中にあった。一九二九年一〇月二四日の「ブラック・サーズデー」（ニューヨーク株価大暴落）、そして一九三一年から始まった「グレート・ディプレッション」（世界恐慌）により、米国経済はまさにどん底の様相を呈していたのである。失業率は一九二九年の三・三％から一九三三年には二四・九％まで上昇、数百万人におよぶホームレスが街を徘徊。社会不安は頂点に達しつつあった。

そして、一九三三年二月一四日に米国は非常事態に陥る。きっかけはミシガン州で起きた「バンク・ホリデー」（銀行休業）。一つの銀行が休業宣言したことが国民の不安を煽り、全米規模での取り付け騒ぎに発展したのだ。これが決定打となり、一九二九年から倒産した米国の銀行は全行のおよそ半数に達し、金融システムが崩壊している。この事態を重く見たルーズベルトは、大統領に就任から二日後の三月六日、連邦議会特別会期が招集されるまでの四日間はすべての銀行を休業させると発表。これは混乱を増幅させる措置であったとも言えなくないが、ルーズベルトが「預金の安全を保障する」と繰り返しラジオで演説したことに加え、三日後には「緊急銀行救済法」を議会に提出。提出から四時間で法案が成立したため、取り付け騒ぎは収束に向かった。

そして、ルーズベルトの「百日戦争」が始まる。ルーズベルトは「緊急銀行救済法」が成立した翌日に当たる三月九日から議会に働きかけて、矢継ぎ早に景気回復や雇用確保の新政策を審議させ、最初の一〇〇日間でこれらを制定させたのだ。これら一連の政策は、「ニューディール政策」と呼ばれている。ニューディール政策の最大の特徴は、市場への政府の介入を限定的に留める自由主義的経済政策からの決別だ。それまで米国の歴代政権は自由主義路線を一貫して踏襲してきただけに、ニューディール政策は米経済史において大きな転換点であったと総括されている。

一般的にニューディール政策と言うと、銀行救済、公共事業の増加、雇用の創出、生産量の調整といった政策が取り上げられることが多い。しかし、ほとんど取り上げられない政策がある。それが、「大統領令6102」、すなわち事実上の金没収だ。

一九三三年四月五日、ルーズベルトは突如として、金を政府に「一トロイオンス（三一・一グラム）＝二〇・六七ドル」で拠出するよう命じる。「いくら大統領とはいえ、財産権（所有権）を侵害する権限があるわけない」と思うかもしれないが、ルーズベルトは一九一七年に制定された「Trading with the Enemies Act of 1917」（対敵取引法）に基づいて金の没収を命じた。この法令は「大統領は、戦時下において、国民が『金を蓄える』ことを禁止できる」というものである。「現在、米国経済が置かれている状況は、資本主義という制度が、米国という国家に挑戦し、戦争行為を行なっているのだ。そのような意味で米国は今、戦争状態にある。したがって、政府は対敵取引法を適用すべきである」――これは、ルーズベルトの側近が語ったとされる言葉だ。この言葉は、「それが、いくら自由を標榜する国であろうとも、非常時に政府は豹変する」ということを如実に物語っている。

ところで、ルーズベルトが非常事態宣言を出してまで金の保有を禁止した理由は、金融緩和（インフレ政策）と財政政策を導入するためだ。当時の米国が採用していた金本位制（兌換紙幣制度）では、政府が発行する紙幣の総額は政府が保有する金の量によって制限される。そのため、インフレ政策や積極的な財政政策を導入するには、政府が金を保有している必要があったのだ。ルーズベルトは恐慌から脱出するには金融緩和と財政出動が有効だと考えて、金の徴収に踏み切ったのである。そして、金に対するドルの価値を一トロイオンス＝二〇・六七ドルから三五ドルに引き下げる形でインフレ政策を導入した。

とはいえ、いかなる理由があったにしろ、金を保有している人からすればたまったものではない。実際、財産権の侵害という事態に多くの資産家が反発。金地金を大量に保有していた資産家は、慌てて金をスイスなどの国外へ運び出したという。また、金を隠し持った資産家も多くいた。

「恐慌から米国を救った」と肯定的に評価されることが多いニューディール政策だが、ニューディール政策が本当に恐慌から米国を救ったかどうかは今でもわかっていない。経済学者のミルトン・フリードマン氏が指摘するように、「結果が出る前に第二次世界大戦に突入した」からだ。

否定派の中には、「ニューディール政策はイタリアのムッソリーニの経済計画から着想を得た社会主義政策」と批判する向きもある。米メリーランド州のフロストバーグ州立大学で経済学を教えているウィリアム・アンダーソン教授は、論文で「多くの歴史家と経済学者が『ルーズベルトの経済政策が資本主義を救った』と述べているが、実際は財産の没収と『インフレこそ繁栄の源である』という間違った考えに基づいていたのである。（中略）歴史家は、一九三三年の金の没収を歴史における小さな出来事と見るかもしれないが、それは多くの点において極めて重要であり、他のニューディール諸政策を合わせたものよりも大きな意味がある」と指摘。「金の没収」という〝負の歴史〟を過小評価しないよう忠告した。

我々も、「自由を謳う米国で政府が金を没収した」という歴史上の事実を重く受け止めなければならない。私が著書や講演などで「政府が財産を没収することが起こり得る」と説くと、必ずと言っていいほど「それは北朝鮮や中国、南米など一部の社会主義国で起こり得る話であり、日本のような先進民主主義国で起こるはずがない」という反論をいただく。しかし、私が「自由を謳う米国でも過去に金の没収が起きた」と説明すると、ほとんどの人が唖然としてしまう。

中には、「当時の米国が金本位制を採用していたため（インフレ政策の発動に金が必要であったため）、金の没収が起きた」と言う人もいる。しかし、当時の米国の事情などどうでもよい。我々にとって重要なことは、いかなる理由があったにせよ、「政府が強権的な政策を断行した」という一点のみだ。

一党独裁体制の中国の「国防動員法」などはその最たる例だが、欧米や日本といった先進民主主義国家においても、少なからず「国家緊急権」（立憲主義、議会制民主主義、文民統制を基調とする国家において、国家の平和と独立を脅かす急迫不正の事態または予測される事態に際して、一刻も早い事態対処が必要と判断される場合において、憲法の一部を停止し、超法規的措置によってこれらの危機を防除しようとする権能）なるものがある。無論、国家緊急権を持ち出すまでもなく、国家には基本的に「徴税権」というものが備わっており、戦後の日本で断行された「預金封鎖」（財産税）のように、為政者はあくまでも合法的に国民の財産を徴収することが可能だ。というわけで、結局のところ「先進国の政府が強権的に国民の財産を奪うことなどあり得ない」というのは、幻想に過ぎない。

事実、米国全土が震撼した銀行恐慌（バンク・ホリデー）や事実上の金没収（大統領令6102）から八〇年が経った二〇一三年、今度は欧州キプロスの「バンク・ホリデー」が世界を揺るがした。

二〇一三年三月一六日の悪夢

「核爆弾が落ちたようだった」（二〇一三年三月二九日付米ブルームバーグ）。

地中海上に位置するキプロスの首都ニコシアに住むシモス・アンゲリデスさんは、二〇一三年三月一六日の朝に流れた「(キプロス) 国内の銀行預金への課税に指導者らが同意した」というニュースを見たときのことをこう回想する。

この日、アンゲリデスさんは彼女のイオナ・コンスタンティヌさんとロンドンで週末を過ごすために早朝から荷物を準備していた。コンスタンティヌさんは「何が起きているのかと驚いた」と、ノートパソコンを開いてフェイスブックにログインしたときのことを振り返る。フェイスブックには、人々の「叫び」が投稿されていた。二人はロンドンへのフライトを急遽キャンセルし、預金が無事かどうかを確認するために銀行へと走った。しかし、銀行はすでに閉鎖されていた。窓口が開いたのは、それから一二日後のことだ。アンゲリデスさんはその当時、「キプロスは住む人もいない廃墟の国になるのではないか」と不安になったと語っている。

二〇一三年に起きたキプロス・ショックは、現代でも「預金封鎖」が起こり得るということを世界中の人々に知らしめた。国内の主な産業は観光業くらいしかなく、低税率を武器にした資金流入（オフショア・バンキング・モデル）に依存することによって成り立っていたキプロス。しかし、同国の銀行がギリシャの国債を大量に保有していたことから、二〇一〇年を起点とした一連のギリシャ危機によって莫大な損失が発生。大手銀行は破たんの危機に瀕し、ユーロ圏債務危機では先例のない金融システム停止措置が二〇一三年三月一六日から発動された。キプロスの銀行は三月二八日まで営業を完全に停止。この間、キプロスの政治と市民生活は大混乱に陥った。

キプロス政府とユーロ圏は三月一六日、キプロス国民の預金に預金税を課すことを条件にユーロ圏側がキプロスに一〇〇億ユーロの融資を実行すると表明。そして、キプロスの預金口座は予告なく閉鎖された。キプロス政府は、預金を凍結している間に預金税法案を可決し、一回限りの預金税を国民に課して約五八億ユーロを捻出する予定だったが、国民は猛反発。すると、キプロス議会は三月一九日の議会で同法案を否決。キプロスはユーロ離脱の瀬戸際まで追い込まれた。ところが、三月二五日に否決された法案が一転して議会を通過。その三日後の三月二八日に銀行の営業は再開された。とはいえ、厳しい資本規制が敷かれた上での営業再開である。

　銀行の営業が再開するまでキプロス市民が預金を引き出すために使用できた手段はＡＴＭ（現金自動預払機）のみ。しかも、預金残高国内一位、二位の「キプロス銀行」や「ライキ銀行」については、一日に引き出せる額が一〇〇ユーロ（約一万二七〇〇円）に制限された。その影響は甚大で、著しい現金不足に直面する市民が続出。信用が失墜した大手銀行のクレジットカード・デビットカード・小切手での決済をほとんどの商業機関が拒否したため、キプロスでは一時、現金のみが事実上唯一の決済手段となった。さらには、現金枯渇を不安視した多くの市民が節約に励んだことで、ガソリンスタンドやレストランといった商業施設では仕入れに必要な現金を賄いきれない店舗が続出。経済活動は事実上ストップに追い込まれた。

　当時の生々しい様子を二〇一三年三月二二日付の米ウォールストリート・ジャーナルが伝えている。

アンドリアス・イアーニさんは、キプロスの首都ニコシア中心部で来客の多いガソリンスタンドを経営する。そして、給油を待って列を作る客に対し、切実なお願いをしている。現金でお願いします、と。

イアーニさんは二〇日、商売を続けるためにガソリンの供給確保に、代金の約三分の一に相当する二万二〇〇〇ユーロ（約二一〇万円※当時のレート）を現金で前払いしなければならなかった。イアーニさんは今、在庫を補充するために十分な現金を調達する必要がある。

キプロスでは二一日、銀行閉鎖六日目となり、同国の経済は現金ベースの急激なダイエットの真っただ中にある。国民の購買力は、現金自動預払機（ＡＴＭ）からの毎日の引き出しが認められている限度額以下に抑えられている。

同国の政治家が欧州連合（ＥＵ）との新たな救済策交渉に努めるなかで、同国のよろめく金融システムの将来をめぐって不透明感が強まっている。商店はおおかた小切手での買い物を拒否し始め、窮境にある銀行口座とつながっているデビットカードやクレジットカードでの決済に対する不安がますます高まっている。（中略）一方、キプロスの一般国民は必需品以外は購入を避け、できるだけ可能な限りの現金をATMから引き下ろすために、ATM前に列を作って待っている。

化粧品輸入会社の経営者、ギオルゴス・キリアキデスさんは二一日朝、キプロスのライキ銀行のATMに並びながら、「明日になったら何も引き出せないかもしれないのでここにいる」と話した。

商店や小規模企業の大部分は引き続き営業を続けているが、取引がすべて現金にシフトするなかで、経営者が業務のやり方を調整しつつあり、経営者の多くは新規の仕入れについては縮小せざるを得ないと話している。

家族経営のスーパーマーケットを営むキリアコス・パパイアニスさんは、現金をなるべく使わないように一部商品については少なめに仕入れているという。パパイアニスさんは二一日、通常仕入れるよりもずっと少ない赤ちゃん用の粉ミルクの仕入れに四〇〇ユーロの現金を支払った。ある年配の女性がパパイアニスさんの事務所に来た。ライキ銀行の一七〇ユーロ分の小切手で食品を買い、残りは現金でもらえるかと尋ねると、パパイアニスさんは即座に、「あり得ない」と答えた。この女性は何も買わずに出て行った。

また、レストランと売店を経営するサキス・シアコポウロスさんは、支払いのために物々交換を行なっている。シアコポウロスさんは、ギリシャの肉の供給元が銀行振替での支払いの代わりにキプロス産ハルミチーズを送ることで合意してくれたと話す。

シアコポウロスさんは「もし私があなたに小切手を渡しても、私が明日も生き続け、破産していないかどうかは誰にもわからない」と話した。同氏はその後、急いで売店に戻り、たばこの卸業者に五五〇ユーロをもちろん現金で支払った。

商店がクレジットカードやデビットカードの受付を停止するのではないかとの懸念が広がるなかで、国民の多くが二一日夜、できるだけ多くの現金を引き出そうとＡＴＭに駆け付けた（後略）」。

二〇一三年三月二二日付「ウォールストリート・ジャーナル」より

その後も混乱が続いたが、三月二五日にキプロス政府とＥＵユーロ圏諸国および国際通貨基金（ＩＭＦ）は、大手銀行二行を整理・再編し（キプロス銀行は抜本的な改革を迫られ、ライキ銀行は事実上閉鎖された）、一〇万ユーロ超の預金保持者に一定の損失負担（三五％〜八〇％の損失負担が発生）を求めることを条件に、最大一〇〇億ユーロの金融支援を行なうことで基本合意。これにより、キプロスのユーロ圏離脱という最悪の事態は回避され、三月二八日にはキプロス国内の銀行も営業を再開した。再開こそしたものの、大規模な資金流出を恐れたキプロス政府は厳しい資本規制を敷いた。内容は以下の通り。

・外国への電信送金の禁止

・国外への現金持ち出し一人一〇〇〇ユーロが上限
・小切手の換金は禁止（口座への入金は可）
・海外でのクレジットカードの月間使用額は五〇〇〇ユーロが上限
・銀行窓口、ＡＴＭでの現金引き出しは一日三〇〇ユーロが上限
・五〇〇〇ユーロ以上の商取引はすべて中央銀行が精査

キプロス政府は一ヵ月以内にすべての資本規制を撤廃すると大見栄を切っていたが、すべての規制が撤廃されたのは二〇一五年の四月のことである。

余談だが、約二週間におよんだ金融システム停止期間においても、キプロスでは資本逃避（キャピタルフライト）が起きていた。二〇一三年三月三一日付のボイス・オブ・ロシアによると、その際に利用されたのがキプロス銀行各行の英国およびロシア支店だった。すなわち、海外の支店から多額の資金が引き出されたのだ。詳細な流出額は不明だが、少なくとも数億ユーロにのぼると見られている。もちろん、キプロス国民が預金を引き出したのではない。預金を引き出したのは、キプロス国外に住む外国人（主にロシア人）だ。

キプロスの危機は、現代においても窮地に陥った政府が「豹変」するということを改めて我々に教えてくれている。「欧州各国政府が否定したとしても、キプロスのケースは今や欧州における将来の救済のひな型だろう。行き詰ったユーロ圏の国が支払い不能の自国の銀行に資本を注入する余裕がなければ、外部から支援を受ける条件として、株主や債権者の損失を求めざるを得ない。（中略）自分の金を守るために手を打つべきだ。政府が守ってくれるなどと、ゆめゆめ信じてはならない」——米ブルームバーグのコラムニストであるジョナサン・ワイル氏はこう警告する。日本人からしても、キプロスの危機は決して対岸の火事などではない。

あまりに、あまりに悲惨な資産の収奪

二〇一五年二月一六日にＮＨＫがニュースウォッチ9で「預金封鎖」の特集を放映して以降、日本国内でも〝預金税〟に対する関心がにわかに高まってい

る。それでも、多くの日本人は「健全な民主主義国家で政府による財産の収奪などあり得ない」と少なからず思い込んでいるに違いない。しかし、本章で述べてきたように、大恐慌後の米国やユーロ圏債務危機後のキプロスでは、政府による資産の収奪が実際に起きた。

経済史の権威として知られる米カリフォルニア大学バークレー校のバリー・アイケングリーン教授によると、預金税が最初に導入されたのは古代ギリシャまで遡る。古代ギリシャでは、為政者の懐が苦しくなるたびに一％から四％程度の預金税（資産税）が徴収された。同教授によると、古代ギリシャ人は預金税を払うことは「金持ちの証」だとして、喜んで預金税を納めていたという。

古代ギリシャの例を皮切りに、預金税は財政が疲弊した多くの国で導入または検討されたことがわかっている。アイケングリーン教授によると、近代における好例は第一次世界大戦後のイタリアで導入された預金税だ。

イタリアは、第一次世界大戦で戦勝国となったものの経済が著しく疲弊したこともあり、戦後は社会主義政権が台頭。統制経済の下に壮大なバラマキ政策が横行したため、財政は危機的な状況となった。そして、一九二〇年に「私有財産に対する一回限りの課税」が実施される。当初は、「保有する資産に応じて、金利一％の六〇年国債を強制的に購入させられる」という内容であったが、銀行で取り付け騒ぎが起こる可能性があったため、最終的には財産に応じて四・五％から五〇％の預金税が課せられることとなった。

イタリアのケースは成功例と言えるが、預金税の導入に失敗した例も少なくない。アイケングリーン教授によれば、その代表例は一九一九年のオーストリアだ。当時のオーストリアでは、財務大臣の提案により預金税の導入が検討されたが富裕層がこれを予期。結果、深刻なキャピタルフライト（資本逃避）が起きて、なんとハイパーインフレを誘発してしまった。

教授は、第一次世界大戦を境として、軍事費の増大を理由に預金税という究極の手段に訴える国家が増えたと指摘する。一方で、オーストリアのように導入に失敗した例も多いという。もちろん、預金税が失敗したからといってすべての国民が報われるということではない。多くの場合、別な形で混乱が誘発されている。財政が極度に疲弊した国は、何らかの形でその代償を払うのだ。意外にも失敗例が多い預金税だが、教授は（政府の狙いが達成したという意味で）もっとも成功した例として第二次世界大戦後の日本を挙げる。

そこで、戦後の預金封鎖についても簡単におさらいしておきたい。諸説あるが、日本の経済史に詳しい日本総研調査部主任研究員の河村小百合氏によると、一九四四年（昭和一九年）末時点の対ＧＤＰ比で見た日本の政府債務残高は約二六七％に達していた（他にも戦時補償債務や賠償問題などがあったため、正確な政府債務の総額はわかっていない）。また、当時の政府債務は現在と同じようにそのほぼすべてが対内債務（内国債）である。日本政府には対外債務もあったが、対外債務に関しては一九四二年の時点でデフォルト状態となっていた。このような状況下、終戦直後の大蔵省内部では左記の内容が財政再建の選択肢として議論されたことがわかっている。①財産税等の徴収、②債務放棄、③インフレ、④国有財産の払い下げ、⑤国債の利率引き下げ。

そして、「ＧＨＱの押し付けではなく、あくまでもわが国自身、財政当局の判断として、『取るものは取る、返すものは返す』という原則に象徴される対応が決定されていった。具体的には、一度限り、いわば空前絶後の大規模課税として、動産、不動産、現預金等を対象に、高率の『財産税』が課税された」（二〇一三年八月一九日付ダイヤモンド・オンライン）。

財産税の税率は、財産額に応じて最低の二五％から最高の九〇％に設定されている。留意すべきは、財産税が富裕層だけでなく幅広い中間層も対象にしたということだ。前述のように河村小百合氏は「（戦後の財産税は）富裕層課税を連想しがちではあるが、実際にはそうではなく、貧富の差を問わず、国民からその資産を課税の形で吸い上げるものであった」と指摘する。さらに「国による国民の資産のいわば『収奪』が、形式的には財産権の侵害ではなく、あくまで国家としての正式な意思決定に基づく『徴税権の行使』によって行われた点に留意する必要がある」と説く。

預金封鎖の話をする際、「現在の憲法では財産権が保障されているので（戦後の預金封鎖は明治憲法の下で行なわれた）、政府が財産に直接課税することなどできない」と主張する人が珍しくない。しかし、これは国家権力を甘く見た無邪気な考えである。先にも述べたが、国家には「国家緊急権」や「徴税権」というものが備わっており、為政者はあくまでも合法的に国民の財産を徴収することが可能だ。事実、現代においても政府が本気でやろうと思えばいつでもできる。国家とはそういうものだ。

話を戻そう。戦後、日本政府は財産税の課税に先だって「預金封鎖」と「新円切換」を実施している。この目的は、財産税を課税するための調査の時間を稼ぎつつ、課税資産を国があらかじめ差し押さえるためだ。預金封鎖と新円切換は昭和二一年二月一六日に発表され、翌日に施行されている。これによって、莫大なタンス預金を持っていた者も銀行に預金せざるを得なくなり、預金の引き出しも制限（世帯主は一ヵ月に三〇〇円、家族一人につき一〇〇円）されることとなった。

預金封鎖は一九四八年七月に解除されたが、その間も高率のインフレが続いたため封鎖されている間に預金の価値が減少。税引き後の預金は、最終的に一七分の一にまで減価したと言われている。余談だが、一九四六年の物価上昇率は五一四％、四七年が一六九％、一九四八年が一九三％であった。このようにして、国民の預金はほぼ価値を失ったのである。一七分の一ということは一〇〇〇万円の預金がたったの五九万円に、五〇〇〇万円でも二九四万円ということだ。しかも、それとは別に資産税もとられているのだ。

戦後の預金封鎖に関しては、多くの悲惨な逸話が残っている。二〇一五年四月一日付の東京新聞は、戦後の預金封鎖を振り返る記事を掲載。次のような国民の悲痛な声を紹介した。「東京都八王子に住む内田イネ（七七）は『預金封鎖が父を変えてしまった』と言う。雪深い青森県で育ったイネ。漁師の父親は酒もたばこもやらず、こつこつ貯金し続け、『戦争が終わったら、家を建てて暮らそう』と言っていた。だが、預金封鎖で財産のほぼすべてを失った。やけを起こした父は海に出なくなり、酒浸りに。家族にも暴力を振るった。イネは栄養失調で左目の視力を失い、二人の弟は餓死した。イネは当時を思い出すといまでも涙がこぼれる。『戦争が終わってもまだ、飢えという別の戦争が続いていた』」――あまりに悲惨である。一方、東京大学の木内兵衛教授による「蛮勇を奮え」というラジオ演説の影響などもあり、資産凍結やむなしという雰囲気も漂っていたという。ある意味、悲惨な戦争を体験した人たちだからこそ戦後の混乱を乗り越えられたのかもしれない。似たようなことが、平和に慣れきった現代で起きたらどうなることか。戦後よりも混乱を来す可能性は大いにある。

日本の経済史を研究する前述の河村小百合氏は、戦後の債務調整を省みながら、次のように警鐘を鳴らす――「（戦後の事実から明らかになるのは）国債が国として負った借金である以上、国内でその大部分を引き受けているケースにおいて、財政運営が行き詰った場合の最後の調整の痛みは、間違いなく国民におよぶ、という点である。一国が債務残高の規模を永遠に増やし続けることはできない。『国債の大部分を国内で消化できていれば大丈夫』では決してないのだ。（中略）今後のわが国が、市場金利の上昇等により、安定的な財政運営の継続に行き詰った場合、それが手遅れとなれば、終戦後に講じたのと同様の政策を、部分的にせよ発動せざるを得なくなる可能性も皆無ではなくなろう。この点こそを、現在のわが国は、国民一人一人が、自らの国の歴史を振り返りつつ、しっかり心に留めるべきである」。

政府が国民の資産を捕捉する日

今年（二〇一五年）の一〇月、日本に住む一人一人に一二桁の数字が記載されたカードが届けられる。そう、マイナンバー（社会保障と税の共通番号）だ。そして、二〇一六年一月からマイナンバー制度の本格的な運用が始まる。

マイナンバー制度は、そもそも税と社会保険を効率化させるために導入される予定であった。内閣府のホームページによると、「マイナンバーは住民票を有するすべての方に一人一つずつ番号を付して、社会保障、税、災害対策の分野で効率的に情報を管理し、複数の機関に存在する個人の情報が同一人の情報であることを確認するために活用されるものです」と書かれている。つまり、年金手帳と健康保険証、それに介護保険証が一枚のカードに集約されるというイメージだ。

一見すると「便利になる」というだけの話だが、富裕層を中心にマイナンバー制度の導入に対する懸念が高まっている。それは、二〇一五年三月一〇日に開かれた閣議でマイナンバーに〝もう一つの役割〟を与えられることとなったためだ。具体的には、マイナンバー制度の預金口座への適用である。現時点では、マイナンバー制度の運用開始から二年後の二〇一八年に預金口座にも適用される見通しだ。これにより、新規の口座の申込書にはマイナンバーの記入欄が設けられることとなる（既存の口座の場合は来店時に銀行員が登録を促す）。ただし、あくまでも任意であって義務ではない。ところが、財務省は導入から三年後の二〇二一年を目途に口座へのひも付けを「義務化」する方向で検討に入った。「税の徴収にも利用できて公平適正な納税につながる」ために義務化させるとしている。

「行政にとって、マイナンバーと資産を関連付ける意義は二つ。ひとつは、現在の日本は自己申告にもとづいて税金を払う『申告納税』が原則ですが、これが『賦課課税』、つまり、ある日突然税務署が『あなたはいくら税金を納めなさい』と言ってくる方式に変わる。もうひとつは、現状では『フロー』、つまり所得や収入に対する課税だけなのが、『ストック』、つまり預金や株式などの資産にも課税されるようになるということです」（週刊現代二〇一五年三月二八日号）。マイナンバーに詳しい税理士はこう語る。

早い話、マイナンバー制度の導入によって政府が国民の資産を捕捉し、税金の取りっぱぐれを防ごうということだ。無理もない。ご存知のように、日本の政府債務は先進国中で最悪の水準であり、国が課税強化に動くのは当然と言えば当然だ。国民からすると、いよいよ財産税（資産税）が徴収される時代に突入したということである。

ここで、「マイナンバー」制度に関する基本的なことに触れておきたい。まず、一人に一つずつ割り振られるマイナンバーは、基本的に生涯変更されることはない。引っ越しをしようが（住民票を移そうが）、結婚をしようが（姓が変わろうが）、変更されることはない。唯一の例外は、情報漏えいが起きたときだけだ。また、「日本人に割り当てられる」という話を聞くことがあるが、これは正確ではない。正確には、「日本に住民票がある人」に番号が割り当てられる。すなわち、日本人でも制度が開始する時に海外に住んでいて日本に住民票がない人には発行されない。逆に、日本に住民票のある外国人には発行される。

二〇一六年一月からスタートするのは、税と社会保障に関する申請書類への番号記載だ。これにより行政事務が効率化するため、政府は税金と保険料の徴収、給付の適正化が実現されるとしている。そして、二〇一八年からは預金者に対して、任意ではあるが口座を持つ銀行にマイナンバーを報告するよう求めることになっている。これが、二〇二一年を目途に義務化される見通しだ。また、政府は不動産登記もマイナンバーで管理することも検討している。そう遠くない将来、不動産にもマイナンバーが適用されるはずだ。

マイナンバー制度には課題もあるが、制度の浸透するにつれ私たちの収入と資産は丸裸にされる。日本の金融機関にはおよそ八億もの預金口座が存在すると言われており、すべての口座にマイナンバーを適用するにはそれなりの時間がかかるが、それでも国はやるはずだ。言い方を変えると、それぐらい日本政府の財政事情は切迫している。おそらく、二〇二〇年代の早い段階で政府が正確に国民の資産を補足できる日が到来するはずだ。政府の税収は間違いなく上がるが、一方でタンス預金が増えるだろう。預金口座にマイナンバーが適用される前に、預金を引き出そうとする人がいるであろうことは想像に難くない。

実は、戦後の預金封鎖の時も財産課税を予期した一部の富裕層が口座から預金を引き出し、株や不動産を購入したことがわかっている。そして、財産税が導入される直前に盛んになった通貨と物の交換がインフレをさらに高進させた。

余談だが、戦後の財産税は不動産や株なども対象としていたが、当時は政府が国民の財産を把握することが難しく、課税を逃れられたケースもあったとされる。代表例が、「森ビル」の創始者として名高い森泰吉郎だ。貸ビル業者から大規模デベロッパーへと飛躍を遂げたことで知られる森ビルだが、その原点が預金封鎖（新円切換）にあったということはあまり知られていない。

森は明治三七年（一九〇四年）に東京で、米屋のかたわら貸家業を営む家庭に生まれる。幼少期は病弱であったが、家が裕福だったこともあり、何不自由なく大事に育てられた。「大家さんとこの〝坊っちゃん〟」と周囲から呼ばれた森は、父の仕事ぶりを見て大家（のちの貸しビル業）の基礎を学ぶ。そんな森には、特異稀なる先見性があった。一九二三年に起きた関東大震災で実家の所有物件がほとんど倒壊した際には、当時としては極めて珍しい災害に強いコンクリート造による建て替えを父に進言している。また、ほとんどの日本人がお腹を満たすことに必至となっていた終戦直後に、焼け野原となった東京を見渡して「貸ビルの需要が増える」と考えたというからただ者ではない。

一方、森は人絹（レーヨン）相場が儲かると睨んでいた。レーヨンは戦前から日本の目玉産業であったこと、そして食糧を輸入するためにレーヨンの輸出が活発になる（需要が急増する）と見込んだのである。そして偶然か、預金封鎖の直前にすべての預金を引き出した森は、人絹を買い漁った。その後相場は急騰し、森の元金は何十倍にも膨らんだという。その資金を元手に、森は虎ノ門周辺の土地を底値で買い漁った。そして、いつしかこう言われるようになる――「都心近くの東側から千葉に行くのには、すべて森ビルの土地を通らなければならない」。戦後のどさくさをチャンスに変えて飛躍を遂げた森泰吉郎は、日本の不動産バブルの余韻が残っていた一九九一年と一九九二年に米フォーブス誌の「世界長者番付」で第一位に選出されている（その翌年に亡くなった。享年八八歳）。まさに怒涛の〝成り上がり〟と言ってよい。

「資産家は恐慌時に生まれる」という言葉がある。世界恐慌で名を馳せたジョセフ・ケネディ、戦後のどさくさを逆手に取った森泰吉郎、天安門事件の直後に中国本土に進出し香港最大の企業グループを築いた李嘉誠《リー・カーシン》、そしてロシアの国家破産で台頭したオリガルヒ（ロシアの新興財閥のこと）など、混乱をチャンスに変え莫大な富を築いた人物は少なくない。だから、どんな時もあきらめてはいけない。むしろ危機こそチャンスなのだ。必ず資産を守る方法は存在する。その日のために、準備を怠ってはいけない。

最後に、サブプライム・バブルの崩壊によって頭角を現したカイル・バスの助言をもう一度おさらいしておこう――「決して政府の言うことを信じない方がいい。危機はある日突然やってくる」。

第三部
生き残りの秘策

過去五七年間を振り返れば、
世界を揺るがすような時代の浮き沈みや悲惨な出来事にも関わらず、
堅実な投資原則に従えば概して手堅い結果を得られるという事実は、
常に変わることがなかった。

――ベンジャミン・グレアム

三大悲劇への対策

これまで第一部で述べた日本を襲う「三大悲劇」をそれぞれ具体的に見てきたが、いかがだっただろうか。「まさかそんなことにまではならないだろう」とか、「そんなひどい目には合わないのでは？」と感じた方も多いかもしれない。しかし、はっきり言おう。その考えは甘過ぎる。繰り返しになるが、財政が破たんし国家運営が行き詰まったとき、国家は豹変し使いうるあらゆる手を使って私たちの財産を奪いにやってくる。数々の国での出来事が、そして何よりわが国の歴史がそれを証明している。地震や津波などの天災に対策するように、我々はあらゆる手を尽くして「三大悲劇」に対抗する手を打つ必要があるのだ。

東日本大震災から四年あまりが経ったが、もたらされた被害の壮絶さは我々の記憶にいまだこびりついている。「まさかこんなところまで？」という場所まで津波は到達し、絶対安全と言われた原発は爆発した。家族や知人を失い、また、いまだに家に帰れず苦労を強いられている方もたくさんいる。「あり得ない」ことが起きた災害だったわけだが、歴史をひも解き世界を見渡せばどこでどのような天災が起き、それがどんな深刻な被害をもたらしたのかがわかり、その教訓を参考に対策はとれるものだ。実際、地震直後に一目散に山を駆け上がって命を存えた三陸海岸沿いの住民の中には、「八六九年の『貞観の大地震』の時に残された村の伝承が活きた」と証言している人もいる。

実は、経済的な災害も同じだ。異常な経済状態のあとに何が起き、そしてどんな被害がもたらされるかはある程度見越すことができる。それが「いつ」起きるかを正確にいい当てることは難しいが、しかし、何が起きるかがわかれば天災と同様に対策を打つことは可能だ。また、地震などの天災と「三大悲劇」の決定的な違いは、予兆となる「異常な経済状態」を知ることができる点だ。賢明な読者の皆様にはすでにおわかりのことと思うが、そう遠くない将来に起きる可能性が高いことがわかっているなら、やるべきことはただ一つ。今すぐ対策に動き出すことだ。もちろん、やみくもな対策は何の意味もなさないどころか大事な資産を大きく減らし、また日常生活にも悪影響をおよぼす。それぞれの悲劇がもたらす被害を見越して、適切な対策を打つことが重要だ。

第三部では、それぞれに適切な対策を見ていくことにする。

大増税への対策

まず、大増税への対策を見ていこう。大増税にあたっての政府の基本的な方針は、「取れるところから取る」「効率的に取る」ことだ。そして、基本的に日本国内に居住し続けるのであればこの税金から逃れる方法はない。したがって、基本的な対策は三つになる。

対策その一：増税分野に特化した対策を打つ

消費税増税や相続税の改正など、日本ではすでにいくつかの増税が施行または決定している。また、今後さらに増税が見込まれる分野もある。平成二七年から相続税・贈与税が改正・施行されたが、この改正は実質的には大増税への第一歩となるものと見られる。

ここで少し、日本の税金について体系的に見てみたい。日本の税体系は一八九ページの図のように分類されている。まず、徴収する主体によって国税と地方税に分かれ、さらに国税は直接税と間接税に、地方税は道府県税と市町村税に分かれている。

直接税とは、納税義務者が直接納税するもので、国税では法人税、所得税、相続税、贈与税が、地方税では道府県民税や市町村民税（いわゆる住民税）、事業税、固定資産税、自動車税などがそれに該当する。法人税、所得税が法人や個人の所得（稼ぎ）に対して課税されるのに対し、相続税、贈与税は資産の移転に対して課税される、一種の「資産課税」（財産税）だ。また、固定資産税や自動車税も所有物に課税される財産税の一種だ。

一方の間接税は、納税義務者と納税者が異なる税のことだ。すこしわかりづ

日本の税体系

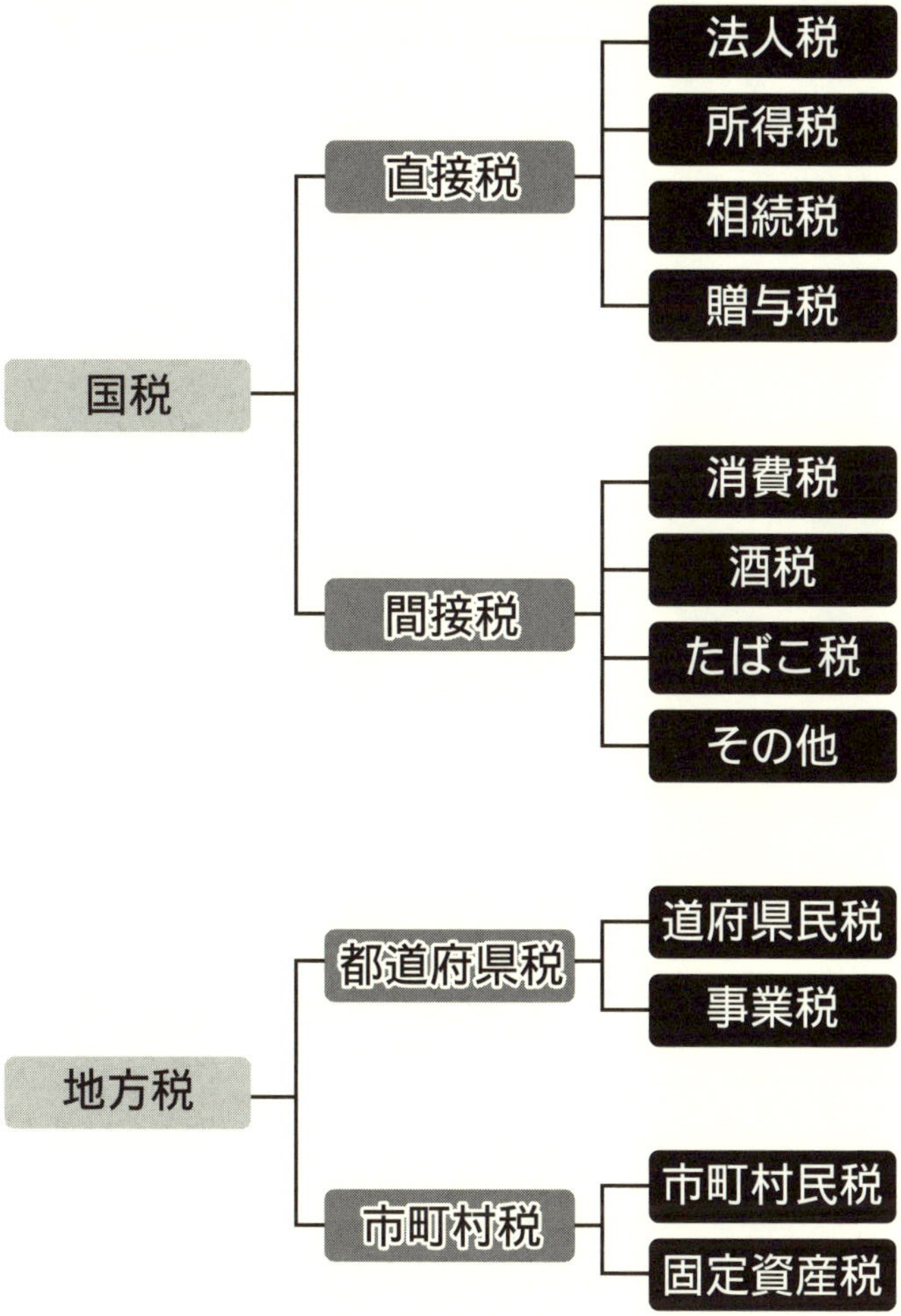
国税
直接税
法人税
所得税
相続税
贈与税
間接税
消費税
酒税
たばこ税
その他
地方税
都道府県税
道府県民税
事業税
市町村税
市町村民税
固定資産税

らいので例を示すと、代表的な間接税である消費税は、納税義務者は消費を行なう国民・企業であるが、実際に税金を納めるのはモノやサービスを提供する事業者となっている。事業者は提供するモノに消費税相当額を上乗せして売ることで、消費者は間接的に税金を納めているという仕組みだ。たばこ税、酒税、揮発油税や、ゴルフ場利用税といったものもこれに該当する。

さて、このような税体系にしたがって「取れるところから取る」とすれば、どこだろうか。もし、私が時の税制改正の総責任者に任命されたら、こうするだろう。まず思い浮かぶのは、一六〇〇兆円とも言われる個人金融資産に課税する方法だ。要は、国民が持っている資産に課税する「財産税」である。先ほども挙げた相続税、贈与税がターゲットだが、他にも固定資産税は必ず取れるという意味で都合が良い。

法人税や事業税はあまり上げ過ぎると会社が倒産、あるいは海外に避難してしまう恐れがある。国を立て直す局面で企業に過度の税負担を強いるのは得策ではないと考えると、極端な増税はできないだろう。所得税や住民税も、あまり重税にすると国民感情を悪くし、ヘタをするとクーデターにもなりかねないため、あまり上げられないだろう。その点、財産税ならば資産を多く持っている人間により課税するため、少ない人数から多くの金額を徴収でき、また大衆の不公平感を和らげることもできる。実際、昭和二一年の「臨時財産税」はまさに「金持ちからとれるだけ取る」を地で行くものだった。

間接税はどうだろうか。消費税増税は今目下の議論となっているが、果たして財政を立て直すに足るほどの重税を掛けることはできるだろうか？　私は到底無理だと思う。増税によって「官製物価高」の状態になれば、景気への影響は深刻となり、財政再建や国家立て直しの足を引っ張りかねない。また、消費税は老若男女、金持ちも貧乏人も広く負担するため、国民感情の悪化は避けられない。ただ、同じ間接税でも酒税やたばこ税、揮発油税、ゴルフ場利用税などはまだ増税が容認される。ただし、税収の絶対額はあまり期待できない。

このように考えると、やはり増税が見込まれるのは〝資産に対する課税〟ということになるだろう。国家破産時代に相続が発生しそうな人は、今から相続対策を真剣に行なうべきだ。生前贈与の特例など、現時点で利用できる制度はできる限り利用して対策を行なっていただきたい。無策のままその時を迎え、政府の思惑通りすっかり税金で持って行かれたのでは、冥府の親族も浮かばれないだろう。

また、不動産を持っている人も要注意だ。固定資産税の負担が重くなる危険に加え、需要の先細りで資産価値がほとんどない状態になることも十分考えられるからだ。住居用はともかく、資産運用目的や親から相続してそのままにしている不動産などは、よほど将来性のある物件でない限り値段がついているうちに処分するに限る。

もちろん、それ以外の税金が上がらないということではないだろう。所得税や法人税についても、特に税額がかさみそうな方は税制改正の情報をいち早く掴み、臨機応変な対策を検討いただきたい。グローバル化が進んだ現代では、海外の活用は有効な対策になる。税務は難しいが、取り組むだけの価値があるものなので、ぜひとも検討いただきたい。

消費税増税には、とにかく出費を抑える工夫が何よりだ。高額出費が見込まれる場合、それが本当に必要か、必要なら税率が低い今のうちに出費することができるかなどを考えるべきだろう。また、家計簿をつけていない人は、簡単でいいのでやった方がいい。自分のお金がどこに使われていて、どの程度出費を抑えられるのか、家計簿を作って日頃からチェックしておくと、出費を抑える時の訓練となる。

対策その二：増税に負けない資産運用

国民が負担する税を別の観点で分類すると、「持っているものに課税」（財産税）「稼ぎに課税」（所得税）「消費に課税」（間接税）ということになる。一つ目の対策では「持っているものへの課税」に注目したが、二つ目は「稼ぎ」に注目する。

いかに借金に窮した政府といえども、国民の稼ぎを丸々徴税するということはしないだろう（もしやれば、クーデターとなる）。したがって、稼ぎを増やすというのは立派な増税対策になる。もちろん、働いて給与を増やすという方法は王道だが、運用によって持っている資産を増やすということは積極的に考えるべきだ。後段のインフレ対策にも通じる方法であり、ぜひとも意識して実践していただきたい。

資産運用にはいろいろな方法があるが、国家が破たんし大増税をするような状態では、少なくとも預金ではまったく運用の足しにならないだろう。また、国債はいつ債務不履行になるかわからないため論外だ。社債や株式、投資信託、為替取引など、預金や国債と比べてリスクが相対的に高く、リターンを期待できるものを運用対象に選ぶべきだ。

しかし、投資・資産運用を行なった経験がない人にとって、いきなり株や為替取引で運用を始めるのはかなり厳しいだろう。間違えて大きな損失を被ったりすれば、増税対策などという前に自分が破産してしまうかもしれない。しかもこれらの取引は百戦錬磨のプロ達が日々真剣勝負をしている「修羅場」である。素人が簡単に取り組むにはあまりに危険が大きい。

そこで私は、運用のプロに大切な資産を運用してもらうという方法を提案したい。特に私がお勧めするのが〝海外ファンドの活用〟だ。外貨建ての運用となるため、円安対策やハイパーインフレ対策としても効果的である。歴戦のプロが編み出した、高いリターンを期待できる魅力的な運用戦略に分散投資すれば、リスクを妥当な水準におさえながら高い期待リターンでの運用も可能となる。海外に直接分散をすれば、国家破産による国の信用リスクや金融インフラの機能不全にともなうリスクも回避できる。

資産家であれば、できれば総資産の八―九割は海外・外貨建てにすることをお勧めするが、これから対策をされたいという方には、まずは手始めに資産の一部、たとえば二―三割程度をあまりハイリスク型でない海外ファンドに分散することを提案する。海外ファンドというものに少しずつ慣れていき、知識を蓄えることで自分なりの活用術を身に付けていくとよいだろう。もちろん、対策に残された時間は極めて少ないため、対策を検討されるのならすぐに行動に移さなければならない。私が主宰・運営している海外ファンドの活用方法を助言する会員制クラブについて巻末に案内を載せているのでご参考いただきたい。

海外ファンドに限らず、これから資産運用に取り組まれる方には、「とにかく早く始めること」「いきなり冒険はせず、手堅く進めること」を肝に銘じていただきたい。また、こういった話をすると「とりあえず来月ヒマができたら」とか「先立つものが少なくて」という人がいるが、厳しい言い方をすればそれはすべて言い訳である。忙しくても、資産が少なくとも、工夫できることはある。

一番ダメなことは、自分に言い訳をして「何もしないこと」だ。繰り返すが、我々に残された時間は絶望するほどではないものの極めて残り少ない。今行動するのか、あとで後悔するのか。しっかりと自分の資産と向き合ってほしい。

対策その三：日本を出る

三つ目にして究極の対策は、「日本を出る」ということだ。かなり極端な方法ではあるが、十分検討に値する対策だ。

日本の税制では、非常に大雑把に言えば「非居住者は非課税」という原則がある。税目によって扱いに多少の違いがあるものの、基本的に「日本に住んでおらず、日本で所得を得ていない場合は税金を取らない」こととなっているのだ。日本が大増税に見舞われることを見越すなら、日本を出るのが一番手っ取り早いのである。

税目ごとにざっと見ていこう。まず、所得税は海外に一年以上居住し、所得の源泉が日本国外にある場合、非課税となる。もし、海外に一年以上住んでいても日本の会社から給与を得ている、あるいは国内にある金融資産から所得を得ている場合は課税対象となるため注意が必要だ。

ポイントとなるのは、「海外で稼ぐ」ということだろう。海外に一年以上滞在することは極端な話、まとまった資金さえあればなんとかなる。しかし、海外で稼ぎを得るとなると話は別だ。言葉の壁やスキルマッチングなど、乗り越えるべき課題は小さくない。もし、国家破産時に一時的にでも海外での生活を検討するならば、渡航先で就業もしくは起業が可能かをよく考慮する必要がある。

一方、もし海外で仕事をする見当がつくのならば、積極的に「日本を出る」ことを検討すべきだ。海外生活は仕事以外にも、文化や慣習など注意すべきことは多い。「水が馴染む」という言葉があるように、食が合うかどうかも非常に重要な要素だ。短期でもよいので今のうちに予行演習しておけば、いざという時に「海外生活」という生き残り策がより現実的になることだろう。

次に相続税を見ていく。こちらは所得税よりもハードルが高くなっている。非課税となるのは、
①相続時点で被相続人（財産を譲る人）と相続人（財産を受け取る人）がいずれも五年以上国内住所を持たない場合。
②相続時点で被相続人が国内住所を持たず（ただし年数は問わない）、かつ相続人が日本国籍を持たない場合。
である。もちろん、課税されないのは海外にある財産であって、この条件を満たしていても日本国内にある財産には課税される。必然的に、不動産は必ず

相続税が非課税となるケース

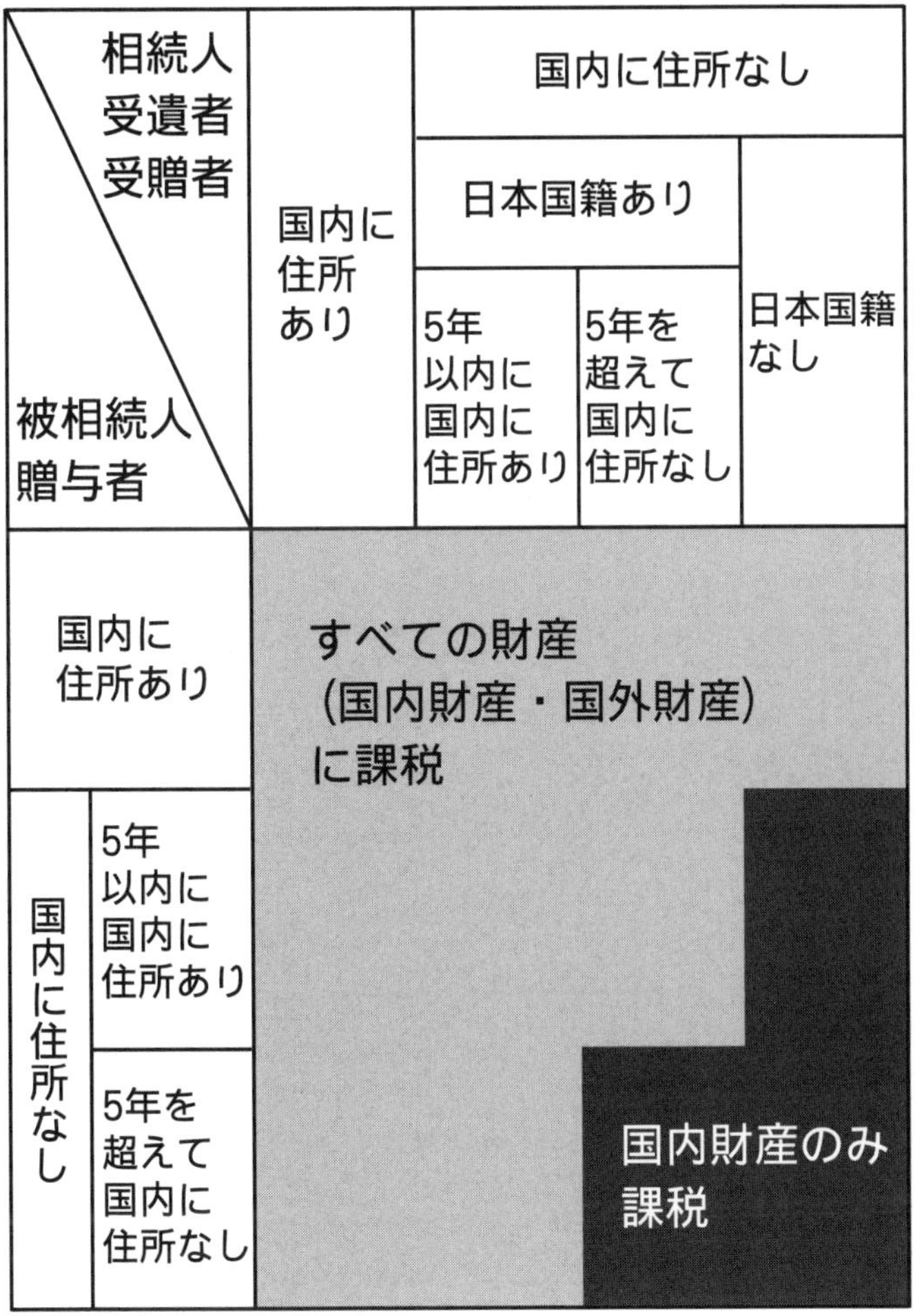

課税対象となる。この条件は、図に表わすと今少しわかりやすくなるが、非課税の要件はかなり狭いことがわかる（一九九ページの図参照）。

実は、平成二四年以前はまだ若干非課税の余地は広かった。被相続人が国内住所を持っていても、相続人が日本国籍を持っていなければ国内財産は非課税だったのだ。しかし、平成二五年の税制改正により、被相続人が国内住所を持っている場合は相続人の国籍にかかわらず、全財産が課税対象となったのだ。このように、制度は時代の趨勢を見ながら徐々に変化していく。いずれ、非課税要件にある「五年以上」という条件が七年、一〇年と引き上げられるかもしれない。条件を満たすにより早くからの対策が必要となるかもしれないのだ。相続税は国も今後の増収を見込む「戦略分野」である。もし、相続税対策で海外を活用するのであれば、なるべく早く始めた方が良いだろう。

その他の税目も見ていこう。まず、住民税はわかりやすい。一月一日時点の居住地で課税というルールであるため、国内に住所がなければ課税はされない。

一方、固定資産税はどこに住んでいようとも、国内での所得がなかろうとも

「必ず課税」される。当然だが、不動産はその名の通り「動かすことができない資産」で、それに一定の税率で徴収する固定資産税は財源としての安定性が高いのだ。地方自治体の財政が軒並み悪化すれば、当然この安定財源から「とれるだけ取る」という動きにつながるだろう。私はかねてから、よほど利用価値の高い不動産でない限りなるべく早く手放すべきと主張してきたが、それは税金対策の点でも大いに意味のあることだからなのだ。

ざっと大増税対策の概要を見てきたが、誰もが取り掛かれるものもあれば、限られた人にしかできないものもあるかと思う。ただし、始めから「自分には無理」と蓋をしてしまわず、いろいろな可能性を検討していただきたい。また、税制は時と共に変化していくため、動向をチェックしていくことも重要な対策となる。正しい判断を行なうために、常に正しい情報を得るように努力していただきたい。特に、三つ目の対策については、あくまで簡単に概要に触れている程度である。もし、実際に検討を進めるのならば、国際税務などに詳しい専門家も活用して、慎重に検討していただきたい。

ハイパーインフレへの対策

次に、ハイパーインフレへの対策についてみていこう。ハイパーインフレは、日本円の価値がモノの価値に比べて圧倒的に下がっていく現象である。したがって、対策の基本は「日本円以外のものに交換していく」ということだ。「では、円以外なら何でもよいのか?」と疑問を感じる方も多いと思う。もちろん、本当は何でもよいわけではないが、お金で持っているよりもモノで持っている方がはるかにまし、という状況になることは確かだ。

第一次世界大戦後にハイパーインフレを経験したドイツでは、生活に不要と思われるような家財品も飛ぶように売れたというし、お札の入ったスーツケースが盗難に遭った際、スーツケースは出てこなかったが、中に入っていた大量のお札は無造作に道端にぶちまけられすぐに発見されたという、冗談のような本当の話もある。一九八〇年代のアルゼンチンしかり、一九九〇年代のブラジルしかり、二〇〇〇年代のジンバブエしかり。いずれの国も物価高騰のあおりを受けて、すさまじい勢いでモノを買う動きが起きているのだ。

ただし、このような「何でもいいからモノに換えておく」というやり方は、恐らくほとんど役に立たないだろう。たとえば前出のドイツの例では、孫のいない老夫婦がインフレ対策にベビーカーを買ったという逸話や、使いもしないじゅうたんを買ったといった話が残されているが、残念ながらあとでそれを高値で売りさばき、家計を再建できたという話は一件も残されていない。普通に考えれば、たいして必要でもないものなのだから、せいぜい良くて質屋で二束三文、大抵のものは値段すらつかなかったことだろう。つまり、短絡的にモノを買い占めてもまったく対策にはならないということだ。

■株の有効性

では、何がインフレ対策に有効なのだろうか。よく聞く話として、株や不動産がインフレ対策に効く、と言われる。しかし私は、残念ながらいずれの方法も多くの人たちにとって必ずしも有効な対策にはならないと考える。

ジンバブエがハイパーインフレに見舞われた時期、株式市場は実は平時以上の活況を呈していたという。「日経ヴェリタス」（二〇一一年一二月四日）の資料によれば、ジンバブエの消費者物価はインフレがひどくなった二〇〇六年末から二〇〇八年七月末にかけて一五億倍になったが、その間ジンバブエの産業株指数は一兆倍強にもなったというのだ。百貨店経営の「メイクルズ」に至っては株価が二〇〇七年末の〇・〇〇〇八五ジンバブエドルから二〇〇八年一一月一九日には一〇京五〇〇〇兆ジンバブエドルと大暴騰した。儲かり過ぎて笑いが止まらないというより、もはや何が起きているのか意味不明のレベルだ。

ちなみに翌日の二〇〇八年一一月二〇日から取引所は閉鎖され、翌二〇〇九年二月一八日に米ドルベースに切り替わって取引再開となった。またその間、二〇〇九年二月二日にはデノミで一二桁を切り捨てられた。つまり、くだんのメイクルズ株は一〇万五〇〇〇新ジンバブエドルになったということだ。国連の同二月五日の報道によると、一米ドル＝十五万新ジンバブエドルだったとい

ジンバブエの株価、賃金、物価

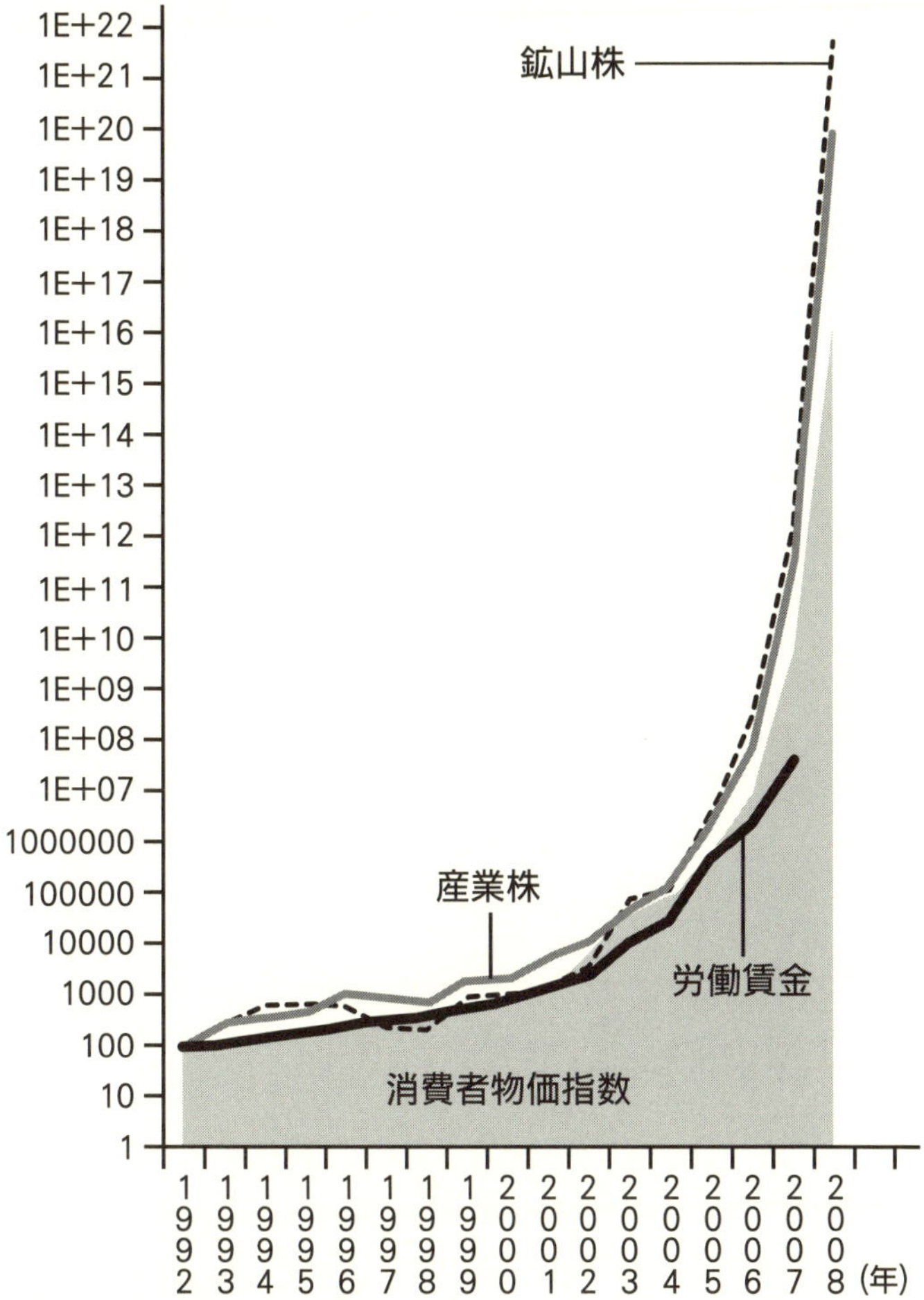

※Y軸の1E+●●の場合の●●は0の数

2011年12月4日付日経ヴェリタスのグラフを基に作成

うことだから、この暴騰銘柄は米ドル換算では時価〇・七ドルだったことになる。なお、二〇〇七年末の公式レートは一米ドル＝三万ジンバブエドルという超から、単純計算すればこの銘柄は米ドルベースでも二四万七〇〇〇倍という超暴騰銘柄だったということだ。

このように暴騰する銘柄の話をすると、「じゃあ株をやればいいのか」と甘い想像を膨らませたくなるが、株の世界はそんなに甘くはない。運よくこのような銘柄をうまく掴めればよいが、これは一握りのお宝銘柄と考えるべきだ。何しろ大荒れの相場である。暴利を得るものがあれば、その陰で資産を吹き飛ばす多くの人がいたということだ。さらに、経済全体が大ダメージを被り、個々の企業も先がまったく読めない状況である。投資していた上場企業が、突如倒産の憂き目に遭うといったこともあるだろう。このような相場は、勝負師にとってはこの上ない猟場となると思われるが、ほとんどの素人は百戦錬磨のプロにただ単にむしり取られるだけとなることだろう。

■不動産の有効性

では、不動産はどうかと言えば、こちらも望みは薄いと言わざるを得ない。詳しい説明は拙書『東京は世界1バブル化する!』（第二海援隊刊）をご参照いただきたいが、一〇年単位の長期で見て資産価値が維持または上昇する不動産は東京と福岡の一部だけだろうと思われる。少子高齢化で需要が減少する日本の不動産は、何もしなくても基本的に長期下落基調だ。それに加えてインフレそして財政破たんが日本を襲えば、名目の価格は上昇しても実質的な価値は下落すると考えられる。また、不動産は流動性が乏しく切り売りも難しいため、イザという時に現金化ができないという点にも注意が必要だ。一九九八年のロシアのデフォルトでは、食料品を買うためにまとまった土地を二束三文で泣く泣く売る人がいた。日本でも、終戦直後に田畑を売ってしのぎ、地主から小作に落ちぶれた人たちが続出している。つまり、よほど需要がある魅力的なところでない限り、不動産は生き残り対策としては不適切なのだ。

ただし、地方都市の駅前などそれなりの好条件のものを、数十年の超長期で保有するという前提であれば資産防衛の一部として保有してもいいだろう。ただ、私ならそのような物件を今持つということはしない。それより、国家破産状態となってインフレが高進し、将来魅力的となるような物件が多数売りに出された時に、外貨で安く買い叩く方を選ぶ。前出のロシアの例や戦後日本でもそうだったが、売りに出された土地を安く買い叩いて富を築き上げた人もいたのだ。不動産を検討するなら、そういった戦略を持って取り組むべきだろう。

■現物資産を持つこと

また、「モノ」で言えば金現物や貴金属・宝石類、絵画や骨董など美術品も有効だ。特に金は非常にわかりやすい現物資産であるため、早目に準備しておくとよいが、これら現物資産は固有の難しさがあるため注意だ。

まず金は、インフレ対策として有効ではあるが、国家破産で混乱を極めている時には使うことができない可能性が高いということだ。誰もが価値を認めるモノであるため、偽物が出回ってしまうためだ。誰もが取引に慎重になり、金を信じなくなるというジレンマが起こるのだ。もちろん、混乱期を過ぎて日本経済が復興する時期になれば、金は円建てで大きく価値を挙げている可能性は高いため、その時のためにとっておくというのが良いやり方だ。

さらに、美術品や宝石類は現金化するために独自のルートや手続きが必要で、その上、保管方法を間違えるとせっかくの資産を台無しにしてしまう。元々は鑑賞目的のものでもあるから、本来ならばそのような楽しみ方を主眼にすべきでもある。こういった分野に関心が高い方向けの方法と考えるべきだろう。

■究極の対策はやはり「外貨」

では、もっとも有効な対策とは何か。結局のところ、資産を外貨建てで持つのが一番の対策となる。インフレ対策だけでいうなら国内の運用でも外貨建て投信や外貨MMF、外貨預金も有効な対策となるが、後段の徳政令対策と併せて考えるならば、やはり海外ファンドや海外口座といった「海外資産」の形をとることが必須だ。

ハイパーインフレのところで触れた通り、高インフレ下の国では普通に外貨、特にドルが流通するようになる。したがって、米ドルのキャッシュを持っておくことは、極めて有効な対策となる。インフレが高進してから準備を始めても、皆がドルを欲する状態になっていれば入手困難となるだろうし、交換レートも足元を見られて相当不利になることも考えられる。ハイパーインフレがやってくる前に、ある程度の額を準備しておくことを奨める。できれば、現在の生活費の半年程度を自宅かすぐ出し入れできるところに置いておくとよい。徳政令対策で詳しく触れるが、国内の外貨預金口座や貸金庫には預けない方がいい。

なお余談ではあるが、自宅での保管には防犯上の不安が付きまとう。かなりまとまった額（数百万以上）を保管する場合は、「防盗金庫」という特別な金庫を自宅に設置することを検討すべきだ。ホームセキュリティや強化ガラスの導入など、自宅の「要塞化」も検討したい。

さて、数百万円以上のある程度まとまった資産を外貨建てで持つ最良の方法は、なんといってもやはり優秀な「海外ファンド」への直接投資だ。米ドルをはじめとした外貨で運用され、一〇％～三〇％超という高い利回りが期待できる優秀なものもある。海外に直接投資すれば、徳政令による資産差し押さえが直接影響することもない。

ただし、海外ファンドと一口に言ってもピンキリで、将来性がほとんど期待できないモノやリスクが極端に高いものなど様々だ。中には詐欺ファンドもあり、良質なものを選定するのはかなり難しい。しかも、日本は海外の金融商品についてかなりの情報統制を行なっているため、個人でファンドを評価し投資するにはまったく向かない環境である。また、インターネットなどで閲覧可能なごく一部の情報も、ほぼすべてが英語（しかも金融の専門用語が満載）で書かれているため、さらに個人レベルでの投資を難しくしている。

やはり海外ファンドの投資を検討するならば、長年の実績を持つ専門家を活用するのが一番である。私が主宰する二つの会員制クラブ「ロイヤル資産クラブ」「自分年金クラブ」では、私が長年調査研究し、実践してきた海外ファンド投資のノウハウを会員の方に提供している。海外ファンド投資について一五年以上の投資助言実績を持っており、特に海外の金融関係者からはアジアでも最大規模を誇る投資助言クラブとして高い評価をいただいている。こういった専門家をうまく活用して、効果的な資産の防衛、運用をしていただきたい。

■参考：新しい通貨

この他に有効な対策方法はありうるだろうか。ひとつ私が目を付けているものがある。「仮想通貨」だ。従来の通貨の考え方を覆すまったく新しい通貨で、インターネットにつながれば世界中のどこからでも、またどこにでも簡単に安く送金が可能となるというものだ。

もっとも有名なのは「ビットコイン」で、二〇〇九年の運用開始以来、幾度かの暴騰や暴落、また二〇一四年には大手取引所「マウントゴックス」による大量のビットコイン消失という事件を経たものの、二〇一五年一月には大手取引所「Coinbase」が全米二四州の認可を受けた取引所「Coinbase Exchange」をオープンさせるなど、普及が本格化しつつある。またこれに対抗する「リップル」も非常に有望だ。検索最大手グーグルの投資子会社や、「フェイスブック」「ツイッター」などのベンチャーに戦略的な投資で成功を収めてきた「Andreessen Horowitz」も投資しており、ＩＴ業界をはじめとした各業界の先駆的経営者からの注目を集めている。

通貨自体の信用に対する裏づけの問題や、犯罪への悪用防止、現状の国際社会のルールとの整合性など、解決すべき課題は多いが、通貨に対する概念すら変えてしまう可能性を秘めている。このような「パラダイム・シフト」には、往々にして先行者利益がともなうため、資金に余裕があり新技術などの動向に関心の高い方は、真剣に活用を検討するに値するものだろう。

徳政令への対策

いよいよ、三つ目の徳政令対策を見ていこう。と言っても、徳政令が下ってしまったら最後、ハッキリ言ってほとんど手の打ちようはない。それまでの間に、できるだけ資産を逃避させておく以外にはないのだ。徳政令で具体的に行なわれる可能性があるものを、今一度まとめてみる。

■預金封鎖

文字通り、国内の金融機関に預けた預金が引き出せないという状態だ。単なる取り付け騒ぎで銀行側が自主的に窓口閉鎖する場合は、騒ぎが収まれば引き出せるようにもなるが、徳政令の場合は国が監督するすべての金融機関に厳命を下すため、どこに行っても引き出すことはできなくなる。よく、邦銀はダメでも外銀なら引き出せるのでは？　という話を聞くが、外銀の国内支店も国の営業免許を取っており、お達しが来れば守らなければならないことに変わりはない。外国人に外貨で払い出しするといった、特例的なことは一部認められるかもしれないが、原則はまったく引き出せなくなると考えてよいだろう。また、証券会社やＦＸ業者は、取引自体は行なうことができても、出金は同様にできない可能性がある。

直近ではキプロスの預金封鎖が記憶に新しいが、終戦後の日本もそうであったように、多くの場合は資産課税（というより資産没収）とセットで使われると考えられる。これに対抗するには、「国内金融機関に資産を置かない」という一点のみだ。さすがに国内銀行にまったく預け入れしないとなると、平時の日常生活に支障が出るだろう。したがって、可能な限り資産は海外ファンドや海外口座に預ける、あるいは外貨の現金を自宅などに保管する、金現物や現物資産にして自分で保管する、という対策しかない。

■金没収

金は資産価値がなくならない唯一の資産として、個人のみならず国家レベルでも貴重な財産だ。ところが（というよりだからこそ）、国家破産時には政府が国民から金を没収するという話は十分にあり得る。覇権国家アメリカですら、ルーズヴェルト大統領時代には金没収が行なわれたほどであるから、日本で行なわれないという保証はない。金の積み立て、あるいは取扱い会社による保管サービスを利用している場合は特に注意だ。理由は簡単、すぐに没収されて「なかった」ことにされてしまうからだ。今、そのような持ち方をしているならば、なるべく早く現物にして、自宅などに保管することだ。

また、現物で保有している場合でも油断は禁物だ。二〇一二年以降、二〇〇万円を超える金売却は支払調書の提出が義務付けられている。また、支払調書制度のスタートにともなって「入り口」部分である投資時における本人確認も当然強化されている。つまり、大口・小口を問わず金は取引が捕捉されているのだ。まとまった量を持っている場合などは、イザという時自宅にまで乗り込まれて接収となる可能性も考えられる。つまり、二〇一二年以降に購入した金は国によって捕捉されており、国家破産有事の際には没収される可能性があるということだ。

いずれにしても、保管方法や保管場所は十分に知恵を絞るべきだ。もしこれから金の所有を考えるのなら、まとまった額、まとまった量のものだけでなく、コインなど小額・少量のものも保有するようにするとよいだろう。

■貸金庫の封鎖、没収

基本的には金没収と同じ考え方だ。幸い、貸金庫の中の資産は金のように調書などで捕捉されているわけではないが、国が金融機関に命じて封鎖、没収させることは比較的容易と思われる。土地の権利書などは預けておいてもよいかもしれないが、現金や金現物、資産価値の高い現物などは、なるべく人任せにせず自分で保管した方がよい。

■引き出し制限

預金封鎖までいかなくとも、引き出し制限という形で国民資産を差し押さえる可能性は十分あるだろう。外貨、円貨に限らずある程度まとまった額を自宅保管する、あるいは海外口座を開設し、資金を移動しておいて、イザという時は海外に行ってお金を引き出すといった方法が有効だろう。

■送金制限

預金封鎖、引き出し制限まで至らない状況でも、送金制限の強化は十分にあり得る。特に海外への送金は、現在のように自由に行なうことはできなくなる可能性が極めて高い。実はすでに少しずつ送金制限は始まっている。先日、私が海外ファンドへの送金をしにある大手都市銀行に行ったところ、明確に断られたのだ。詳細はここではお話しできないが、拒否理由がまったく合理的でなく、明らかに「送金をさせない」という意思のある対応で、私は「いよいよそのトキが来たのか⁉」とうすら寒い気持ちになった。制限が本格化されれば、いよいよ海外を活用した資産防衛は行なえなくなる。これから着手される方は、なるべく急いだ方がいい。残された時間は限りなく少ない。

■渡航制限

海外送金の制限のみならず、渡航が制限される可能性もあるだろう（可能性は低いだろうが)。資産逃避から一歩進んで、富裕層を中心に「日本からの逃避」が進むかもしれず、そうなれば当局は対応を強化するはずだからだ。よほどの理由がなければ出国許可が下りない、という事態も念頭に置くべきだろう。こういう事態になってしまうと、もはや手の打ちようがない。ちなみにすでに出国税というものはできている。これは一億円以上相当の株式を保有する者(出国時点、日本人に限らず)が海外へ移住する場合、出国する際にある程度の税金を日本に支払ってから出ていけというもので、今後こういう形の課税も増えるものと思われる。

■現金、動産などの海外持ち出し規制

渡航制限まで至らなくとも、海外送金が規制されるような状況であれば、当然のように空港や港での資産持ち出しの規制が強化されるだろう。空港などのセキュリティチェックでは、テロ防止目的で危険物や液体の持込みチェックがされているが、実はセキュリティゲートでは現金や金などのチェックも行なう

ことができるのだという。もしこのチェックに引っかかるようなことがあれば、没収や拘留など厳しい対応がなされることだろう。

■外貨保有禁止、外貨預金の停止

日常的な買い物などに米ドルが流通（ドル化）するようになった場合、当局は日本円の通貨としての正当性を守るため、外貨の保有を禁止とするかもしれない。また、外貨預金を停止し外貨建て金融商品の保有も禁止する可能性がある。外貨建て資産の保有停止は、対外債務履行や貿易決済、為替取引に必要となる外貨を国が獲得する手段とも考えられるため、私は案外実現の可能性があるとみている。もしこうなってしまうと、国内金融機関での外貨建て資産保有は対策の意味をなさなくなってしまう。また、外貨現金も大量に保有する場合、接収の対象となる可能性を考えなければならない。これも適切な管理方法を十分に検討すべきだろう。

しかし、仮に表向き外貨の保有や取引が禁止されたとしても、ヤミ市場は存在する。ヤミで通用するドルは一層高値で取引されることになるであろうから、有事が近づけば米ドル現金保有を密かに増やしておくことは必須である。

■国債のデフォルト、公的機関の債務減免

国家破産の一番わかりやすい現象と言えば国債のデフォルト（債務不履行）だが、国に準じる公的機関の債務についてもよく注意すべきだ。地方債や公的機関の債務なども踏み倒しの対象になりうる。このような「国がらみの借金手形」を持っている場合、なるべく早く手放すなり、返済を受けるなりしてもらうことだ。

対策のまとめ

大増税、徳政令の具体例と対策を見てきたが、突き詰めると対策の要点は二二三ページの図のようになる。

あれこれと対策について触れてきたが、大増税、ハイパーインフレ、徳政令いずれにも対応できる、極めて有望な方法と言える。「本当にこれだけでいいのか」と思うかもしれない。しかし、効果的な対策というのは必ずしも難解なものばかりではない。何も始めていない方ならばなおのこと、まずはこの対策から始めていただきたい。

ただし、海外であればどこでもいいのかというとそうではない。預けるに足る適切な国、適切な金融機関、適切なファンドというものは限られており、それを知らずに闇雲に取り組めばむしろ大切な資産を大きく失うことにもなりかねない。繰り返しになるが、経験豊富で信頼に足る専門家のアドバイスを受けながら、確実に対策に取り組んでいただきたいと思う。

三大悲劇下でのビジネスチャンス

大増税、ハイパーインフレ、徳政令という究極の時代に、たくましく稼ぐよ

対策の要点

資産の大半は海外へ出せ

- ■海外ファンド
- ■海外口座

国内で持つなら現物、現金を手元保管

- ■外貨現金
- ■円現金
- ■金現物
- ■美術品など

まだ何も対策を始めていないのなら、この三つを手掛けることを強くお勧めする

- ■海外ファンドへの直接投資
- ■外貨現金の手元保有
- ■海外口座

いビジネスとはどのようなものだろうか。わたしは、キーワードは『地域密着、地産地消』と『海外、外国人相手』の二つになるだろうと見ている。では、早速見ていこう。

■農業、漁業、畜産業

インフレでモノが手に入りづらい時代に特に強みを発揮するのは、やはり食料の生産だ。第一次世界大戦後のドイツや第二次世界大戦後の日本、あるいは一九九八年にデフォルトしたロシアでも、財政破たんと高インフレによって貧困が蔓延した。ドイツでは生産者には食糧を分けて欲しいと多くの人が懇願しに来たといい、また日本では不正規ルートでの食糧の売買、いわゆる「ヤミ屋」が現れた。こういう状況では食料は完全な売り手市場となるため、極論すれば言い値で売りさばくことができるため、とにかく儲かるのだ。

ただし、注意点がある。あまりあくどい商売をすると命を狙われかねないこと、貧困が極限に達すると略奪の対象になりやすいことなど、身の安全にかかわるということだ。また、農業にしろ漁業、畜産業にしろ、種や肥料などの原料、道具やノウハウ、地域ごとの掟などの決まり事など、簡単に始めることが難しい課題が多い。基本的に体力勝負の部分が大きく、また一人ですべてを完結できない仕事も多い。国家破産時に備えて「なんとなく儲かりそうだから」と始めるには、とんでもなくハードルの高い仕事である。しかし、日々自然に触れ、自然を相手に仕事をしたいという、体力も気力も溢れる若者であれば、工夫次第で国家破産時代を生き抜き、また大きく稼ぐことも可能なはずだ。

大儲けはできないが、あまり手広くやらずに「手ごろな規模での地産地消」によってうまく生き残りを図るのも一つの手だ。前出のロシアのデフォルト時は、実は多くの人々が「家庭菜園」で飢えをしのいだという。ロシアには「ダーチャ」という田舎の菜園付き別荘があり、一説によればなんと全世帯の八割が「ダーチャ」を所有しているのだという。そして、その農業生産力は驚くべきもので、ジャガイモは九割、野菜も八割を自給しているというのだ。旧ソ連時代末期からロシアでは高インフレやデフォルトで経済が実質的に破たんしていたが、多くのロシア人は「ダーチャ」で餓死を免れることができたという。私がロシアを取材した時、話に聞いた餓死者の多くは都会に住む年金生活者だった。彼らはこのような、「自活の術」を持っていなかったことが自滅の原因だったということなのだ。同じ話は日本の大都市圏に住む年金生活者にも言えるかもしれない。

実は、国内でもすでに「日本版ダーチャ」を模索する動きがあるという。過疎や耕作放棄といった問題への対策とのことだが、日本の場合はまだまだ国が豊かで農作物も買った方が安い場合が多いため、まだまだ普及は難しいと思われる。しかし、財政破たん、ハイパーインフレに見舞われれば、このような自給自足が最低限の自活の道になる可能性は高いだろう。日本でも、戦中戦後には疎開先で荒れ地を開き、作物を育てて飢えをしのいだという例がたくさんある。ただ、土地を整備し、水を引き、作物を育てて自活できるようになるまで時間がかかったため、このような人々はたいへん苦労したという。もしあなたが「自分版ダーチャ」に関心があるのなら、経済混乱が来る前に取り組んで、経験を積むとよいだろう。

■質屋、両替商

国家破産は社会インフラの機能不全、崩壊を引き起こすが、特に金融インフラへのダメージは計り知れないものとなる。たとえば、預金封鎖や引き出し制限で貨幣流通は著しく滞るが、それでも日常生活を営む上で経済活動は必須である。そういった小さな資金需要に対応するため、質屋や両替商といったいわゆる「街金融」への需要が高まると考えられるのだ。

実際、第二次世界大戦前の日本では銀行を中心とした集約型の金融が機能していたが、敗戦後それまでの金融機関が個人レベルの金融需要を賄いきれなくなると、質屋が爆発的に増えた。また、海外の例になるがトルコやアルゼンチン、ジンバブエでは米ドルの需要が大幅に増えたため、両替屋も大いに繁盛したという。

許認可の問題やシマ争いなど、注意すべき点はあるが、戦後の質屋はそれなりに潤っていたというから、十分検討に値するビジネスだろう。

■外国人向けガイド、仲介業

インフレが高進すると、外国人にとって日本は割安な渡航先になる。土地の価格が下落すれば土地を求めて、またそこまでの富裕層でなくとも観光やグルメ目的で訪れる外国人は飛躍的に増えるだろう。東京オリンピックに向けて国も外国人誘致に躍起になっている。この流れがもしうまくいけば、国家破産後も外国人による需要はいいビジネスになることだろう。

第一次世界大戦後のドイツでは、実際に大量の外国人が訪れ、大いに散財していったという。ただ、散財と言ってもポンドや米ドルといった外貨建てでみるとごく少額で贅沢ができたということだ。食べきれないほどの豪華な食事、ナイトクラブのはしごなど、ドイツ国民がとてもできないような遊び方を、たった数ドルですることができたという逸話もあるほどだ。

具体的なビジネスとしては、観光ガイドや外国人向け宿泊施設、不動産や美術品など高級品の買付仲介、外国人富裕層向けのコンシェルジュサービスなどが考えられる。当然だが、外国語のスキルが必須となり、また観光や宿泊、不動産、美術品といった分野にも多少の専門知識や人脈が必要である。すでにそのようなスキルを持っている方は、外国語のできる人を従業員に雇って、今から準備を始めるのも良いだろう。

■番外：ヤミ屋

破産した国ではだいたい、法律に触れる「お勝手商売」が立ち上がる。当局が規制や取り締まりしきれない状態となるため、「捕まらなければＯＫ」という、実質無法状態となるのだ。日本でも「ヤミ市」が立ち、これが大都会の多くの人々の生活を実質的に支えてきた。法に触れるという意味ではやってはいけないのだが、生きるためには仕方がないという側面もある。

日本経済新聞の「私の履歴書」では、家具大手ニトリの似鳥社長が子供の時に母親とヤミ米を売ってしのいだ話を書いている。同じく、元アシックス社長の鬼塚喜八郎氏も戦後すぐの頃ヤミ屋で働いていたと語っている。一代にして大会社を築き、財を成した人物たちの多くが、終戦直後にヤミ屋を経験しているのだ。そして、何を隠そう私の父も終戦直後には知人のヤミ商売を手伝って食いつないでいた。ハッキリ言って、そうでもしなければ食べられない時代だったのだ。遵法精神を貫いてヤミ買出しを行なわず、配給食糧だけで餓死した者もいたが（主に裁判官などの公職者だったというのがなんとも哀しい）、都市部で食糧や日用品の入手に困った大多数の人々はヤミ屋を活用し、またヤミ屋として働くことで食い扶持を稼ぐのは、ある意味当たり前だったのだ。

私は、こうした「ヤミ商売」の経験をし、そしてその貧困から必死に立ち上がろうとしたバイタリティこそが、戦後日本の復興と経済成長を下支えしたと感じている。だから、というわけではないが、いざ国家破産という時に「もう終わりだ」と途方に暮れ、あるいは法律を守って死を選ぶのではなく、「ヤミ屋」でも何でもやって生き抜いてやる、という気概を持ってほしい。それこそが、国家破産を生き残るもっとも大事なものであり、そして再び日本を経済復興させるための原動力になるからだ。

参考：ある欧州の資産家の資産防衛術

ここで余談であるが、私が長年親しく交流するとある欧州の大資産家が実際に行なっている資産防衛術をご紹介したい。これはあくまで欧州、そして大資産家ということなのでどの程度参考になるかは定かではないが、資産家はみな真剣に資産防衛に取り組んでおり、独自の哲学や手法を持っているものだということは理解いただけると思う。

彼の資産分散法は大よそ次の通りとのことだ。

金　二五％
ファンド　二五％
自分の会社　二五％
コンテンポラリーアート（絵画）　二五％

欧州は陸続きで戦争を繰り返してきた歴史があり、資産防衛に関して私たちよりも現物意識が高いと思われる。金現物の比率の高さはそういった背景を表しているのだ。また絵画については、特に欧州の上流階級は芸術に対する造詣の深さも上流階級の資質の一つとされるため、おのずと関心が向かうのだろう。ピカソ、ゴッホなど我々でも知っている巨匠の作品ではなく、気鋭の画家の作品を蒐集するのは、それが将来の価値上昇を期待できる投資の側面も持ち合わせているだけでなく、所有者の審美眼の確かさをも表すステータスだからだ。

一方、自社やファンドへの預け入れ比率が大きいのは、彼が現役のファンド会社の経営者であり、自社の運用能力に高い信頼を寄せているためである。現物の財産と高度な金融の世界の資産の両方を持つことで、うまくバランスをとっているのだ。

これを私たちがそのまま真似するのは得策ではないが、一つの参考例としては大変興味深いものだ。ぜひともあなたも、自分にあった資産防衛策を真剣に考えていただきたいと思う。

エピローグ

だいたい話と実際は違うものですが、
戦闘では特にそういう傾向があります。

——坂本龍馬

ポイント・オブ・ノーリターンを超えた日本

極めて当然のことであるが、いかなる個人も企業も、そして国家さえも限度を超える借金をすることはできない。もし、それをしてしまった場合は、〝破局〟か〝破滅〟が訪れる。だが、国家はすさまじい権力を持っているために、国民から強制的にその財産を取り上げて、自らの借金と相殺することができる。借金踏み倒しである。その目安がGDP比で二〇〇%の債務という風に言われているが、もはや日本国はその上限をはるかに超える借金をしてしまった。

「引き返し不可能地点」という言葉がある。かつて冷戦時代に、アメリカがソ連と核兵器で対峙していた時に、核爆弾を何発も抱えた戦略核爆撃機B‐52を常時北極圏に何十機も飛ばしていたことがある。ソ連が先制核攻撃を絶対しないように抑止力の重要な柱としての重大な任務を負っての飛行だったのだが、アメリカ本土の核戦争司令部から核攻撃命令が出されて、いったんある地点

（ポイント）を越えてソ連へ向かった時、次にどのような命令が米本土から来ても絶対に戻ることはなく、そのままソ連国内の攻撃目標へ殺到するシステムになっていた。そのポイントのことをポイント・オブ・ノーリターン（引き返し不可能地点）と呼んでいる。日本国は借金問題においてまさにこのポイント・オブ・ノーリターンを超えてしまったのだ。

　ならば、私たちは備えるしかない。そう遠くない将来、生きるか死ぬかの瀬戸際がやってくるからだ。その時になって慌てても、すでに手遅れである。今回やってくる状況は大変むごいものとなるだろう。あなたの命の次に大切な老後資金を守るために、今こそ立ち上がろう。国家の側には権力があるが、逆に国民の側には自らの財産を守る権利がある。みなさんの知恵と勇気を振りしぼって、サバイバルの大航海に船出することにしよう。それは時間との闘いでもある。猶予はあと二年しかない。その間に命がけで手を打ったものだけに幸運の女神は微笑むことだろう。

浅井隆からの重要なお知らせ
——国家破産を生き残るための具体的ノウハウ

国家破産について基礎から学べる「国家破産の全てを知るクラブ」

いよいよ国が破産する日が迫ってきています。私たちが今まで通りの生活を送ることができる時間は、あと二年ほどと私は予測しています。そのため、今ここでもう一度、国家破産は私たちの生活にどのような劇的な変化をもたらし、そして激動の時代の中で生き残るためにはどのように備えればよいのかを学び、その対策を練るためのクラブを発足いたしました。国家破産について一から学ぶことができるクラブです。

『国家破産のすべてを知るクラブ』では会員限定の「国家破産講座」（年四回、受講料実費）を予定しており、今後の日程では二〇一五年七月二八日（火）、二〇一五年一〇月二二日（木）を予定しています。このレクチャーでは今までの発刊書籍や「浅井隆講演会」の国家破産情報を集約し、更に細分化した詳細情報（例：敗戦直後の国家破産の実態、つい近年のジンバブエの国家破産の実態など）をわかりやすくご提供いたします。ぜひ、この「国家破産のすべてを知るクラブ」にご入会の上、会員限定のレクチャーにご参加ください。本書に挟みこんであるはがきでお申し込みになると便利です。

詳しいお問い合わせ先は、㈱第二海援隊

TEL：〇三（三二九一）六一〇六
FAX：〇三（三二九一）六九〇〇

厳しい時代を賢く生き残るために必要な二つの情報収集

国債暴落へのタイムリミットが刻一刻と迫りつつある中、生き残りのためには二つの情報収集が欠かせません。一つは「国内外の経済情勢」に関する情報収集、もう一つは「海外ファンド」に関する情報収集です。これについては新聞やテレビなどのメディアやインターネットでの情報収集だけでは絶対に不十分です。私はかつて新聞社に勤務し、以前はテレビに出演をしたこともありますが、その経験から言えることは「新聞は参考情報。テレビはあくまでショー（エンターテインメント）」だということです。インターネットも含め誰もが簡単に入手できる情報で、これからの激動の時代を生き残っていくことはできません。日本の一般的な銀行や証券会社、保険会社といった金融機関に情報を求めてもダメです。なぜなら、彼らは自らの〝商売〟のために情報提供を行なうからです。

皆様にとってもっとも大切なこの二つの情報収集には、第二海援隊グループ（代表　浅井隆）で提供する「会員制の特殊な情報と具体的なノウハウ」をぜひご活用ください。

〝国家破産対策〟の入口「経済トレンドレポート」

まず最初にお勧めしたいのが、浅井隆が取材した特殊な情報をいち早くお届けする「経済トレンドレポート」です。浅井および浅井の人脈による特別経済レポートを年三三回（一〇日に一回）格安料金でお届けします。経済に関する情報提供を目的とした読みやすいレポートです。新聞やインターネットではなかなか入手できない経済のトレンドに関する様々な情報をあなたのお手元へ。さらに国家破産に関する『特別緊急情報』も流しております。「国家破産対策をしなければならないことは理解したが、何から手を付ければよいかわからない」という方は、まずこのレポートをご購読下さい。本書に挟み込んであるはがきでお申し込みになると便利です。

具体的に〝国家破産対策〟をお考えの方に

そして何よりもここでお勧めしたいのが、第二海援隊グループ傘下で独立系の投資助言・代理業を行なっている「株式会社日本インベストメント・リサーチ」（関東財務局長（金商）第九二六号）です。この会社で二つの魅力的な会員制クラブを運営しております。私どもは、古くから日本の国家破産対策のもっとも有効な対策として海外のヘッジファンドに目を向けてきました。そして、この二〇年にわたり世界中を飛び回りすでにファンドなどの調査に莫大なコストをかけて、しっかり精査を重ね魅力的な投資・運用情報だけを会員の皆様限定でお伝えしています。これは、一個人が同じことをしようと思っても無理な話です。また、そこまで行なっている投資助言会社も他にはないでしょう。

投資助言会社も、当然玉石混交であり、特に近年は少なからぬ悪質な会社に対して、当局の検査の結果、業務停止などの厳しい処分が下されています。しかし「日本インベストメント・リサーチ」は、すでに二度当局による定期検査を受けていますが、行政処分どころか大きな問題点はまったく指摘されませんでした。これも誠実な努力に加え、厳しい法令順守姿勢を貫いていることの結果であると自負しております。

私どもがそこまで行なうのには理由があります。私は日本の「国家破産」を憂い、会員の皆様にその生き残り策を伝授したいと願っているからです。その生き残り策がきちんとしたものでなければ、会員様が路頭に迷うことになります。ですから、投資案件などを調査する時に一切妥協はしません。その結果、私どもの「ロイヤル資産クラブ」には多数の会員様が入会して下さり、「自分年金クラブ」と合わせると三〇〇〇名に近い顧客数を誇り、今では会員数がアジア最大と言われています。

このような会員制組織ですから、それなりに対価を頂きます。ただそれで、私どもが十数年間、莫大なコストと時間をかけて培ってきたノウハウを得られるのですから、その費用は決して高くないという自負を持っております。まだクラブにご入会頂いていない皆様には、ぜひご入会頂き、本当に価値のある情報を入手して国家破産時代を生き残って頂きたいと思います。そして、この不透明な現在の市場環境の中でも皆様の資産をきちんと殖やして頂きたいと思います。

一〇〇〇万円以上を海外投資へ振り向ける資産家の方向け「ロイヤル資産クラブ」

「ロイヤル資産クラブ」のメインのサービスは、数々の世界トップレベルのファンドの情報提供です。特に海外では、日本の常識では考えられないほど魅力的な投資案件があります。

ジョージ・ソロスやカイル・バスといった著名な投資家が行なう運用戦略としておなじみの「グローバルマクロ」戦略のファンドも情報提供しています。

この戦略のファンドの中には、年率リターン二五％というものもあり、今後もその成績が続くと仮定すると、一〇年で九・三倍というすばらしいものです。また、二〇〇九年八月～二〇一五年二月の五年七ヵ月の間で一度もマイナスになったことがなく、ほぼ一直線で年率リターン七・七％（米ドル建て）という安定的に推移しているファンドもあります。もちろん他にもファンドの情報提供を行なっておりますが、情報提供を行なうファンドはすべて現地に調査チームを送って徹底的に調査を行なっております。

また、ファンドの情報提供以外のサービスとしては、現在保有中の投資信託の評価と分析や銀行や金融機関とのお付き合いの仕方のアドバイス、為替手数料やサービスが充実している金融機関についてのご相談、生命保険の見直し・分析、不動産のご相談など、多岐にわたっております。金融についてありとあらゆる相談が「ロイヤル資産クラブ」ですべて受けられる体制になっています。

詳しいお問い合わせ先は「ロイヤル資産クラブ」

TEL：〇三（三三二九一）七二九一

FAX：〇三（三三二九一）七二九二

一般の方向け「自分年金クラブ」

一方で、「自分年金クラブ」では「一〇〇〇万円といったまとまった資金はないけど、将来に備えてしっかり国家破産対策をしたい」という方向けに、比較的「海外ファンド」の中では小口（最低投資金額が約三〇〇〇万円程度）で、かつ安定感があるものに限って情報提供しています。
金融業界の最先端の運用戦略である「ボラステ」（ボラティリティ・ストラテジー）戦略によるファンドも情報提供しています。他にも「レラティブバリュー・コリレーション」というこれもまた金融の最先端の運用戦略を使ったファンドも情報提供中です。この戦略のファンドの中に、年率リターン一一・六％（二〇一一年九月～二〇一五年三月）とかなりの収益を上げている一方で、一般的な債券投資と同じぐらいの安定感を示しているものもあります。債券投資並みの安定感で、年率リターンが二桁であることには驚きます。また国家破産時代の資産防衛に関する基本的なご質問にもお答えしておりますので、初心者向きです。
詳しいお問い合わせ先は「自分年金クラブ」
TEL：〇三（三二九一）六九一六
FAX：〇三（三二九一）六九九一
※「自分年金クラブ」で情報提供を行なっているすべてのファンドは、「ロイ

ヤル資産クラブ」でも情報提供を行なっております。

投資助言を行なうクラブの最高峰「プラチナクラブ」

会員制組織のご紹介の最後に「プラチナクラブ」についても触れておきます。メインのサービスは、「ロイヤル資産クラブ」と同じで、数々の世界トップレベルのファンドの情報提供です。ただ、このクラブは第二海援隊グループが行なう投資・助言業の中で最高峰の組織で、一億円以上での投資をお考えの方向けのクラブです（一億円以上は目安ですが、金融資産の額をヒヤリングし、投資できる金額が二〇〇―三〇〇万米ドル（二四〇〇～三六〇〇万円）の方は、原則プラチナクラブへの入会はお断りいたします）。

ここでは、ロイヤル資産クラブでも情報提供しない特別で希少な世界トップレベルのヘッジファンドの情報提供をいたします。皆様と一緒に「大資産家」への道を追求するクラブで、具体的な目標としまして、「一〇年で資金を六―一〇倍（米ドル建て）」「二倍円安になれば一二―二〇倍」を掲げています。当初八〇名限定でスタートし、入金順に定員に到達次第締切り予定ですが、現時点で八割方うまっております。お早目のお問い合わせをお願いいたします。

詳しいお問い合わせ先は「ロイヤル資産クラブ」

TEL：〇三（三二九一）七二九一

FAX：〇三（三二九一）七二九二

海外移住をご検討の方に

さらに、財産の保全先、移住先またはロングステイの滞在先として浅井隆がもっとも注目する国――ニュージーランド。そのニュージーランドを浅井隆と共に訪問する、「浅井隆と行くニュージーランド移住・不動産視察ツアー」を二〇一五年一一月に開催いたします（その後も毎年二～三回の開催を予定しております）。ツアーでは、優良不動産物件の視察などを行ないます。

また、資産運用を行なう上でぜひお勧めしたいのが金融立国シンガポール。このシンガポールを視察する「シンガポール金融視察ツアー」も二〇一五年一

○月に第二海援隊グループの投資助言会社「日本インベストメント・リサーチ」の企画で開催いたします（毎年二回以上開催予定）。海外の金融事情やファンドについてたっぷりレクチャーが聞けるのがこのツアーの最大のメリットです。

国家破産特別講演会、浅井隆講演会、インターネット情報

★浅井隆のナマの声が聞ける講演会

著者・浅井隆の講演会を開催いたしますので、二〇一五年の予定を記載します。二〇一五年が札幌・六月六日（土）、名古屋・一〇月二日（金）、大阪・一〇月三日（土）、東京・一〇月三一日（土）を予定しております。国家破産の全貌をお伝えすると共に、生き残るための具体的な対策を詳しく、わかりやすく解説いたします。

いずれも、活字では伝わることのない肉声による貴重な情報にご期待下さい。

「浅井隆特別講演会」については、本書に挟み込んであるはがきでお申込みいただけます。

★講演をお受けいたします

浅井隆が出張し講演会をさせて頂きます。人数、場所、料金などご相談下さい。商工会議所様や企業様での実績も多数ございます。

二〇一五年、二〇一六年の期間限定！
この二年間に限り、商工会議所、青年会議所、ライオンズクラブ限定で格安料金にて講演をお受けいたします。ぜひ、お問合せください。

★第二海援隊ホームページ

また、第二海援隊では様々な情報をインターネット上でも提供しております。詳しくは「第二海援隊ホームページ」をご覧下さい。私ども第二海援隊グループは、みなさんの大切な財産を経済変動や国家破産から守り殖やすためのあらゆる情報提供とお手伝いを全力で行なっていきます。

改訂版!! 別冊秘伝 必読です

浅井隆が世界をまたにかけて収集した、世界トップレベルの運用ノウハウ（特に「海外ファンド」に関する情報満載）を凝縮した小冊子を作りました。実務レベルで基礎の基礎から解説しておりますので、本気で国家破産から資産を守りたいとお考えの方は必読です。ご興味のある方は以下の二ついずれかの方法でお申し込み下さい。

①現金書留にて一〇〇〇円（送料税込）と、お名前・ご住所・電話番号および「別冊秘伝」希望と明記の上、弊社までお送り下さい。

②一〇〇〇円分の切手と、お名前・ご住所・電話番号および「別冊秘伝」希望と明記の上、弊社までお送り下さい。

郵送先　〒一〇一―〇〇六二　東京都千代田区神田駿河台二―五―一
住友不動産御茶ノ水ファーストビル八階
株式会社第二海援隊「別冊秘伝」係
TEL：〇三（三二九一）六一〇六
FAX：〇三（三二九一）六九〇〇
＊以上、すべてのお問い合わせ、お申し込み先・㈱第二海援隊
TEL：〇三（三二九一）六一〇六
FAX：〇三（三二九一）六九〇〇
Eメール　info@dainikaientai.co.jp
ホームページ　http://www.dainikaientai.co.jp

〈参考文献〉

【新聞・通信社】

『日本経済新聞』『産経新聞』『ブルームバーグ』『西日本新聞』
『中日新聞』『エコノミスト』『フィナンシャル・タイムズ』
『ニューズウィーク』『ブルームバーグ』『ロイター通信』
『日刊ゲンダイ』『日経ヴェリタス』

【書籍】

『国家は破綻する』（カーメン・ラインハート＋ケネス・ロゴフ著　日経ＢＰ社）
『財政危機の深層』（小黒一正著　ＮＨＫ出版新書）
『渋沢家三代』（佐野眞一著　文藝春秋）
『日本破綻を防ぐ２つのプラン』（小黒一正＋小林慶一郎著　日本経済新聞出版社）
『ハイパーインフレの悪夢』（アダム・ファーガソン著　新潮社）

【拙著】

『2014年日本国破産〈警告編〉』（第二海援隊）
『世界恐慌か国家破産か パニック編』（第二海援隊）
『東京は世界１バブル化する！』（第二海援隊）
『株は２万2000円まで上昇し、その後大暴落する⁉』（第二海援隊）
『円もドルも紙キレに！　その時ノルウェークローネで資産を守れ』（第二海援隊）
『あと２年』（第二海援隊）

【その他】

『ロイヤル資産クラブレポート』
『週刊現代』『現代ビジネス』『週刊ポスト』

【ホームページ】

フリー百科事典『ウィキペディア』『アメリカ大使館 About the USA』
『国税庁』『参議院』『日本銀行』『日本銀行金融研究所貨幣博物館』
『NHK newsWatch9』『鳥取県湯梨浜町』『日経ビジネスオンライン』
『ダイヤモンド・オンライン』『ジャパン・ビジネスプレス』
『ウォールストリート・ジャーナル電子版』『フォーブス　電子版』
『人民日報（日本語電子版）』『サーチナニュース』『新華社通信』
『レコード・チャイナ』『JCAST ニュース』『nikkei4946.com』
『Japan-World Trends』『ZUU online』『日本財政破綻対策サイト』
『知るぽると 金融広報中央委員会』『税理士ドットコム』
『第一生命経済研究所』『日本総研』『学術情報発信システム SUCRA』
『名古屋工業大学学術機関リポジトリ』

〈著者略歴〉

浅井　隆　（あさい　たかし）

経済ジャーナリスト。1954年東京都生まれ。学生時代から経済・社会問題に強い関心を持ち、早稲田大学政治経済学部在学中に環境問題研究会などを主宰。一方で学習塾の経営を手がけ学生ビジネスとして成功を収めるが、思うところあり、一転、海外放浪の旅に出る。帰国後、同校を中退し毎日新聞社に入社。写真記者として世界を股に掛ける過酷な勤務をこなす傍ら、経済の猛勉強に励みつつ独自の取材、執筆活動を展開する。現代日本の問題点、矛盾点に鋭いメスを入れる斬新な切り口は多数の月刊誌などで高い評価を受け、特に1990年東京株式市場暴落のナゾに迫る取材では一大センセーションを巻き起こす。
その後、バブル崩壊後の超円高や平成不況の長期化、金融機関の破たんなど数々の経済予測を的中させてベストセラーを多発し、1994年に独立。1996年、従来にないまったく新しい形態の21世紀型情報商社「第二海援隊」を設立し、以後約20年、その経営に携わる一方、精力的に執筆・講演活動を続ける。2005年7月、日本を改革・再生するための日本初の会社である「再生日本21」を立ち上げた。主な著書：『大不況サバイバル読本』『日本発、世界大恐慌！』（徳間書店）『95年の衝撃』（総合法令出版）『勝ち組の経済学』（小学館文庫）『次にくる波』『2014年日本国破産〈警告編〉〈対策編①②③〉〈海外編〉〈衝撃編〉』『Human Destiny』（『9・11と金融危機はなぜ起きたか!?〈上〉〈下〉』英訳）『新ファンド革命』『2015-16年 国家破産パニック!!』『あと2年で国債暴落、1ドル＝250円に!!』『世界恐慌か 国家破産か〈パニック編〉〈サバイバル編〉』『国債暴落サバイバル読本』『東京は世界1バブル化する！』『株は2万2000円まで上昇し、その後大暴落する!?』『円もドルも紙キレに！　その時ノルウェークローネで資産を守れ』『あと2年』『円崩壊』『驚くべきヘッジファンドの世界』（第二海援隊）など多数。

いよいよ政府があなたの財産を奪いにやってくる⁉

2015年5月27日　初刷発行
2015年6月19日　2刷発行

著　者　浅井　隆
発行者　浅井　隆
発行所　株式会社　第二海援隊
〒101-0062
東京都千代田区神田駿河台2-5-1　住友不動産御茶ノ水ファーストビル8F
電話番号　03-3291-1821　　FAX番号　03-3291-1820

印刷・製本／株式会社シナノ

 ISBN978-4-86335-161-5

第二海援隊発足にあたって

日本は今、重大な転換期にさしかかっています。にもかかわらず、私たちはこの極東の島国の上で独りよがりのパラダイムにどっぷり浸かって、まだ太平の世を謳歌しています。

しかし、世界はもう動き始めています。その意味で、現在の日本はあまりにも「幕末」に似ているのです。ただ、今の日本人には幕末の日本人と比べて、決定的に欠けているものがあります。それこそ、志と理念です。現在の日本は世界一の債権大国（＝金持ち国家）に登り詰めはしましたが、人間の志と資質という点では、貧弱な国家になりはててしまいました。それこそが、最大の危機といえるかもしれません。

そこで私は「二十一世紀の海援隊」の必要性を是非提唱したいのです。今日本に必要なのは、技術でも資本でもありません。志をもって大変革を遂げることのできる人物と、それを支える情報です。まさに、情報こそ〝力〟なのです。そこで私は本物の情報を発信するための「総合情報商社」および「出版社」こそ、今の日本にもっとも必要と気付き、自らそれを興そうと決心したのです。

しかし、私一人の力では微力です。是非皆様の力をお貸しいただき、二十一世紀の日本のために少しでも前進できますようご支援、ご協力をお願い申し上げる次第です。

浅井　隆